「東大に入る子」は5歳で決まる

"根拠ある自信"を育てる幼児教育

和田秀樹 Hideki Wada

小学館

「東大に入る子」は 5歳で決まる

"根拠ある自信"を育てる幼児教育

和田秀樹

小学館

はじめに

私は精神科医ですが、長年、受験勉強法の本を書き（今年で30年になります）、また実際に志望校別の受験勉強法の通信指導や、東大や医学部合格のための専門塾を経営してきました。

本の著者としてデビューできたのも、映画製作の資金を作ることができたのも、この受験勉強法のおかげで、医師の仕事の傍らとはいえ一生懸命やってきたつもりですし、実績にこだわることもあってそれなりに成果を上げてきた自負もあります。

ただ、最近になって子どもや親が変わってきたという印象があります。

私が『受験は要領』を書いた１９８７年ごろであれば、劣等生でもやり方を変えれば東大に入れる、と素朴に信じてくれた子どもも多く（当時は著者としては無名でしたので、親である読者層にはあまり受け入れられていなかったようですが）、実際に私が書いた受験法で成功したという話をいまだに聞きます。

しかし、今の子も親も、「東大を出た人の勉強法など、そもそも私たちとは頭の構造が違うんだから意味がない」という感じでハナから諦めている人が多いのです。私の受験勉強法の本を買ってくれる人はもともと勉強ができる子が多く、そのため、〝劣等生〟にチャンスを与えるために書いた本が、彼らと優等生の差を余計に広げるような結果になってしまっています。

なぜ〝劣等生〟は〝劣等生〟のままになってしまうのか。なぜその差をひっくり返すことができないのか――その原因をいろいろ分析して行き着いたのが、子どもの自信と基礎学力（特に日本語の読解力）の問題です。

そもそも子どもに自信がなければ、〝勉強の仕方を変えれば成績が上がる〟とか〝東大や医学部に受かる〟などと信じることができないでしょうし、また基礎学力が抜け落ちていれば（ゆとり教育や高校全入のせいで、まともに日本語の読み書きのできない子は少なくありません）、いい勉強の仕方を教えても成績が伸びない ↓ そして嫌になって勉強をやめ、「しょせん、東大を出た人の言うことなんか自分には無理」と結論づけることになるでしょう。

もちろん基礎学力のつけ直しは可能なのですが、なかなかそうした子どもの自信や基礎学力の問題に思いが至らないというのが現実のようです。

そこで最近は、小さな子どものうちに自信をつけることや基礎学力をつけることが一番早い解決法なのではないか、と思うようになりました。さらにアルフレッド・アドラーやハインツ・コフートといった心理学者や精神分析学者の思想・理論を学んでいくうちに、ある程度子どもに自信を持たせる方法もつかめてきました。

また、長らく大学受験に関わったり、多くの若い起業家や医師たちと接した経験から、人間が競争に勝ち抜いていけるような強い心を養うためには、幼少期の教育がとても大切であることがわかってきました。

そこで、幼児教育の経営に参画することにしたのです。

I&Cキッズスクールという学校なのですが、Intelligence（知性。幼児の場合は基礎学力）とConfidence（自信）を持ってほしいという願いからこの名前をつけました。

この学校は、働く女医さんを応援したいという私のもう一つの願いから保育園も兼ねているのですが、ここで行うカリキュラムは、親が子どものそばにずっとついていることができるなら、家庭でも十分実践可能なものだと思っています。それをお伝えするために本書をしたためました。

つまり、この本に書いてあることをきっちり実践していただければ、スクールに来ていただく必要はないわけです。

この本の内容を早めに試してもらえたら、それをしない場合と比べ、大学受験や後の人生に、確実にいい影響があると信じています。

このような信念を固めている際に、ある雑誌の企画で佐藤亮子さんとの対談の機会を得ました。彼女は、当時3人の息子をすべて灘校から東大の理科Ⅲ類（医学部進学コース）に入学させたことでマスコミなどで話題になっていたのですが、話を聞いてみると彼女は私が考える〝理想の教育ママ像〟にある条件のいくつかと一致していました。

一つは、彼女は子どもの能力に対して、また自分の教育方法に対して、健全な自信を持っていたということです。自信がないと、子どもの成績が少し落ちたくらいですぐにあきらめたり、挫折につながってしまいます。

二つ目は、親があれこれと子どもの勉強法を学び、子どもに合った勉強法を試し続けていたということです。佐藤さんは私の本も参考にしたとおっしゃっていましたが、いいと思うところは試すし、そうでないところは他の人の勉強法も参考にしたそうです。私も、自分の勉強法の信者になってもらうことより、読者の皆さんの子育てが成功するほうが嬉しいので、この考え方にはもろ手をあげて賛成しました。すると２０１７年にお嬢さんも東大理Ⅲに入り、子ども全員４人続けて東大理Ⅲ合格、という快挙を成し遂げたのです。

こういう教育は早いスタートほどいいのはまちがいないですから、私の方法をまず試し、ダメならほかを試すというスタンスで、この本を手にしてくださった皆さんにもぜひ第二の佐藤さんになってほしいのです。

もう一つ本書で強調していることは、私の幼児教育でも実践していることですが、子どもの個人差を知り、認めるということです。

子どもには脳の発達・成長の差や月齢の差があるので、周りの子ができても自分の子ができないということは珍しくありませんが、わかるまでていねいに教えることでうまくいくこともあるでしょう。

それでもうまくいかないことも残念ながらあります。しかし、それで親が落ち込んだり、子どもに無理をさせることは望ましくありません。

基礎学力は後から挽回できますが、子どもが自信をなくしてしまったり、自分は頭が悪いと思い込んでしまうと、なかなか挽回が難しいからです。

まずは自信が大切と考え、できないところはしばらく先送りし、できるところから始めてほしいのです。

自信をつけるためには成功体験が重要だと考えています。そこから「根拠のない自信」が「根拠のある自信」になっていくからです。

この「自信」は、小学校に上がる前から親御さんと一緒に勉強することや、親が「あなたはできる」とほめていくことで、子どもの身についていきます。子どもが幼稚園児の頃から親御さんと一緒に〝先取り学習〟をしていることが、子どもの将来にも大きな影響を及ぼすのです。

私は本書を実用書として書きました。

私自身の体験や、新たに始めた幼児教育事業の実践で得たこと・具体的に実践していこうと考えていることをもとに、今日から子どもと一緒に何をしていけばいいのかを、親御さんに具体的にお伝えできるよう内容を吟味しました。巷にはたくさんの子育て本が出ていますが、その多くは、話が難解であったり抽象的であったりします。本に書いてある理屈はわかるのですが、実際に今日からお母さんはどうすればいいのかという具体的な行動については、書かれていないものも多いのです。それではかえって親御さんは不安になるでしょうし、実際の子育てに役立てることができません。本書は、その点を大いに意識しました。

毎日のお料理を作るときに、レシピ本を参考にするかたも多いと思います。

本書も、お母さんにとって子育てのレシピ本になることを目指しました。

一章から四章では、幼児教育に関するいろいろな情報を、異なる視点から解説しています。ただし、話はできるだけ簡単にするようにしました。また解説ばかりではいけませんので、章の途中や切りのいいところで、〈**ポイント**〉という箇所を設けました。それまでの話の要点や、ぜひ覚えておいていただきたいことを、その都度〈**ポイント**〉に整理しました。最後の五章は、〝実践編〟として、今日から実際に子育てに活用していただきたい具体的な方法を公開しています。

親御さんには、まずこの本を一度読み通していただきたいと思います。その後も、何度も読み返していただきたい。ただ、忙しい親御さんにとってすべてのページを読み返すのは大変かもしれません。その場合、一章から四章までは〈**ポイント**〉だけを読み返し、実践編である五章はきっちりすべて読み返すという使い方もあると思います。そうすればこの本に書かれている重要なことは、いつでも簡単に復習することができます。そして、何度も強調しますが、読むだけでなく、使えると思ったことはなるべく実際に試してほしいのです。

本書は、一度読んだら本棚にそのまま置いておくものではありません。常に親御さんの手元に置いて、線を引き、書き込みをしながら使い込んでいく本です。ボロボロになるまで使っていただければ、著者としてこれ以上の喜びはありません。

末筆になりますが、編集の労を取ってくださった、小学館の下山明子さんと大前俊一さんにはこの場を借りて深謝いたします。

我ながらよい本ができたと思っています。

和田秀樹

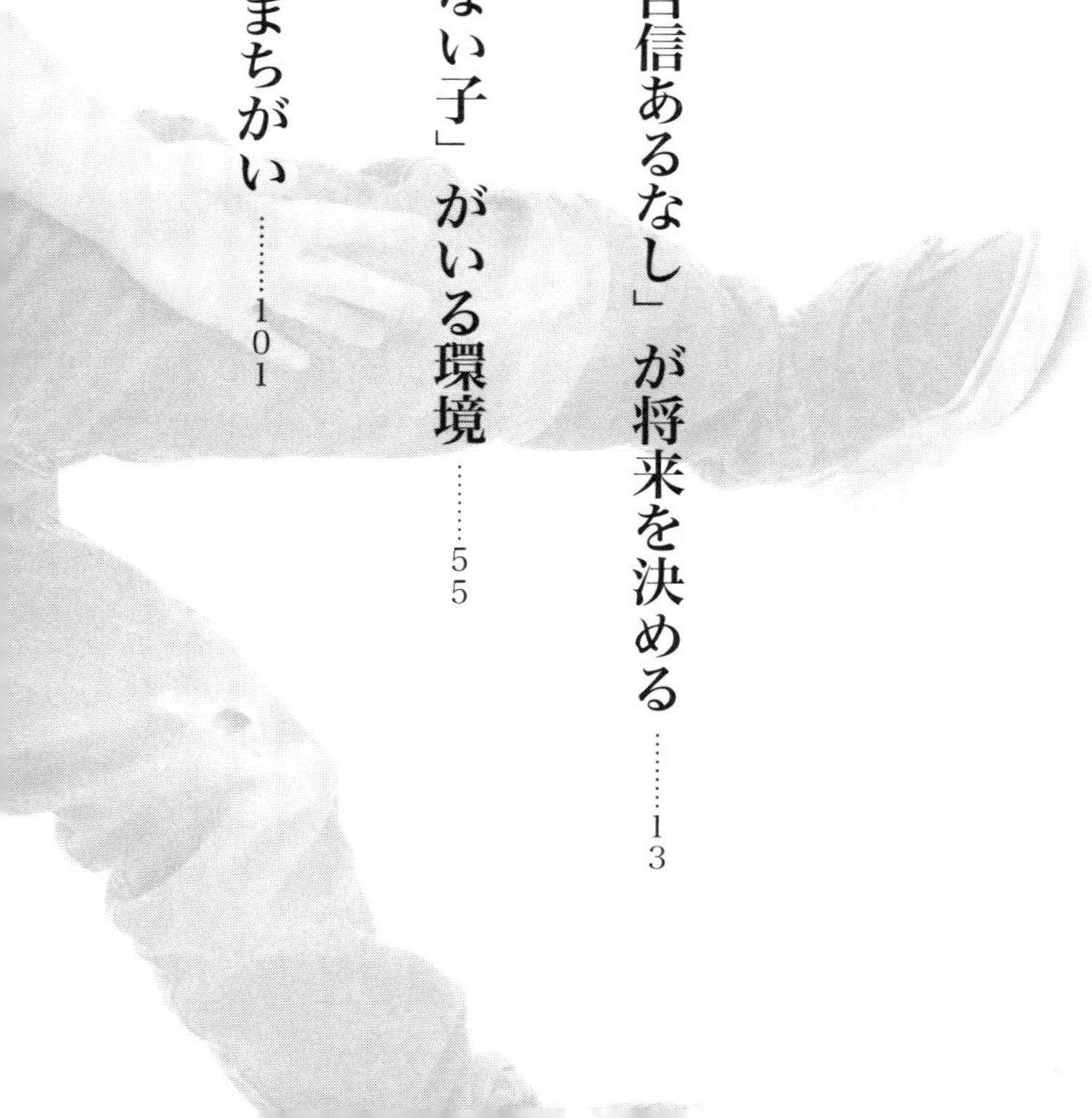

「東大に入る子」は5歳で決まる　目次

カバー写真
iStock.com/DaydreamsGirl

一章

小学校入学時の「自信あるなし」が将来を決める

東大合格者の多くは4月～6月生まれ？

東京大学に合格する受験生には一つの傾向がある、と語り継がれていることがあります。それは、合格者の多くが4月、5月、6月生まれだということです。

これは非公開のようで証明するデータはないのですが、長いあいだ受験指導をしてきて、東大に受かる子どもは明らかに4月、5月、6月生まれが多いと感じています。学習塾の経営者やその他の教育関係者に聞いてみても、皆さん同じことを言います。つまり、受験について言えば、4月、5月、6月生まれが有利で、1月、2月、3月などの早生まれの子どもは、一見不利だということです。

なぜそのような傾向が出てくるのでしょうか。

答えは、子どもの幼稚園時代や小学校に入った時の過ごし方にあると考えています。4月、5月、6月生まれの子どもは、早いうちから自信を身に付けているからです。

現在、多くの幼稚園は3年制保育をとっています。4歳が年少、5歳が年中、6歳が年長ですが、同じ学年といっても、4月生まれの子と、翌年3月生まれの子では、入園の時点でおよそ1歳の差があります。お母さんがたならよくおわかりだと思いますが、このころの幼児の1年というのはとても大きく、体格的にも能力的にも大きく成長します。ですからこの頃の子どもにとって、約1年という誕生日の差はとても大きな能力差にもなるのです。

4月生まれの子どもは言葉をたくさん知っており、よくしゃべります。体も大きく、足も速い。おそらく文字や数字を教えても、飲み込みは早いでしょう。幼稚園の先生の言うことにもよく反応し、目立つ子になっていく可能性が高い。いわばクラスの人気者で、リーダー的な存在になっていくわけです。

一方、3月生まれの子どもは約1年遅く生まれているため、どうしても4月生まれの子どもと比べて、最初は成長が遅れて見えます。しかし中学生くらいになると、4月生まれの子どもも、3月生まれの子どもも、その成長の度合いは〝ならされる〟はずです。同学年の子どもであれば、だいたい同じように成長します。

ところが、すでに触れたように、現実的には東大受験（それ以前の有名中学校の入試ではその傾向はさらに顕著ですが）では生まれた月日によって結果が異なっています。これは、4月、5月、6月に生まれた子どもは幼少期のころから「自分はできる子」という自信をつけており、それが受験生になるまでずっと続いているためでしょう。子どもの頃に身についた自信が、そのままその子を上昇気流に乗せているのです。

勝ち癖をつけている子、つけていない子

この本を読んでくださっている親御さんの中で、わが子が11月、12月生まれや、1月、2月、3月といった早生まれだからと不安に思っている方がいらっしゃるかもしれません。まず、その気持ちを改めることから始めましょう。不安を取り除く方法は簡単です。以下の3点を知ってください。

〈ポイント〉

1．4月生まれも3月生まれも、そのうち同じになる。差があるのは小さな頃だけ。

2．4月生まれの子どもが成功しやすいのは、幼稚園（あるいは小学校の入学時）のころに自信をつけたから。

3. 要は、何月生まれであっても、小学校入学前後に子どもが自信を持てばいい。

東大の受験に4月、5月、6月生まれの子どもが成功し、1月、2月、3月生まれの子どもが失敗する傾向が強いのはあたりまえなどとは、まったく思っていません。たとえ何月生まれであろうと、正しい努力をした子どもには、きちんとした成功が約束されていると考えています。現実に、3月生まれであっても、比率が少ないだけで受かっている人がたくさんいます。

私には弟がいます。私は6月生まれで東大医学部卒ですが、弟は12月の終わり生まれで東大法学部卒です。二人とも現役で合格しました。弟の話はのちの章でくわしく触れますが、私たち兄弟の例を見ても、たとえ何月生まれであってもきちんと結果が出せることがおわかりいただけると思います。

要するに、勝ち癖をつけている子なのか、それとも自分はできないと思っている子なのか、この差が東大受験の結果にも表れているということなのです。4月生まれで自信のある子どもには、親御さんのリードでさらに勝ち癖をつけていってください。3月生まれでまだあまり自信を持てていない子どもには、親御さんが以下のようなことを言ってあげましょう。

〈ポイント〉

1．1年も上の子と一緒にいるのだから、今差がつくのはあたりまえだよ。

2．もし一緒の月に生まれていたら、お前のほうがきっと勝っているよ。

3．字を覚えたり数を覚えたりして、どんどんできるようになっていこうね。

根拠のない自信と根拠のある自信

子どもに自信をつけさせるのが大切であると言いましたが、実は、自信には二つの種類があります。それは、根拠のない自信と、根拠のある自信です。

私は今まで、多くの受験指導書や子育てに関する本を書いてきました。その中で、自信が大切であるということをずっと言ってきましたが、それはどちらかというと根拠のない自信を意味していました。特に子育てに関しては、子どもに自信をつけさせるのには根拠などはいらない、とにかくいろいろなことをほめて明るく元気にさせることが重要だと述べてきました。後でお話しする私の弟の例を読んでもらうとわかるように、この考えは今でも正しいと思っていますが、より大きな効果を出すためには、もっと力強い方法が必要だと考えるようになりました。もっと力強い方法とは、「明確な根拠を元にして自信をつけさせる」ということです。

なぜこのような変化が起きたのかというと、日ごろ接している子どもたちや親御さんの様子が変わってきたからなのです。

私は以前、『受験は要領』という本の中で、東大をはじめとする難関大学の受験は怖いものでもなんでもない、ただの要領なのだ、と書きました。また数学が苦手な子どもには、数学なんて難しく考える必要はない、わからなければ解き方を暗記してしまえばいい、とも書きました。これは多くの読者から支持を得ましたし、また実際の東大の受験でも一定の実績を出すことができました。

ところが、最近、子どもの雰囲気が変わってきたのです。前にも少し触れましたが、受験は要領だといっても、それを能天気に信じる受験生が少なくなってきました。どちらかといえば、〝それは東大に合格するような頭のいい人の話で自分は関係ない〟というような態度でものを見る子どもたちが増えたように感じるのです。これには、親御さんの気持ちの変化が深く関係しています。

近年、親御さん自身が自信を持てないようになってきました。長期に渡って景気が低迷しているため、親世代も生活や人生に自信を持ちづらい時代になったからかもしれません。あるいは、教育にお金がかかるため、お金と手間をかけた裕福な家の子と自分の子どもの学力に大きな差がつき、とても勝てないというあきらめが蔓延しているせいかもしれません。また成績がよい子の親の多くが受験勝ち組であるために、遺伝の要因が強いのだと誤解している人が多いのかもしれません。いずれにせよ、親に元気がないと子どもにも元気は出ません。親が自信を持たなければ、子どもも自信を持てません。

最近の親御さんの多くは、自分の子どもを東大に入れようといった夢を持たないようになってきたように見えます。勉強のやり方を変えて早めに対策をすれば、東大に入ることは決して夢ではないし、子どもの数が減ったのに東大の定員はほとんど変わっていないのでチャンスだというような話をしても、〝あなたとは生まれつきの出来が違うから〟とか、〝それは一部の限られた家庭や子どもの話でしょう〟といった目で見られることも増えてきた気がするのです。

自信を持ちにくい時代

確かに現在の日本は、大人が自信を持ちにくい時代になりました。その背景の一つには、長期にわたる景気の低迷があります。

日本の景気が傾きだしてから、すでに25年がたちました。今の20代からすると、物心がついたときからずっと日本は景気の悪い国でした。30代にとっても、小学校の頃からすでに日本の景気は傾いていました。この本を読んでくださっている30代の親御さんの中には、親のリストラなどで大変な生活を経験した方もいるかもしれません。現在の40代にしても、学生時代はバブル景気でにぎやかだったものの、就職後、長い苦労があった方が多いと思います。

つまり、現在子育てをしている多くの親御さん世代は、低迷した社会でがんばった割には出世できなかった、昇給しなかったなど、自信を持ちにくい日々を送っているのかもしれません。政府は長期にわたって経済対策を実施していますが、思うような効果は出ていません。多くの税金を使って景気のテコ入れを図っていますが、いまだに日本社会にかつてのような元気はありません。

しかし、いくら社会全体に元気がないと言っても、一生懸命に生きている人はたくさんいます。元気を出して、希望を持って子育てをしているお母さんもたくさんいます。確かに現在は生きにくい社会であるかもしれません。自信を持ちにくい社会であるかもしれません。でも、まずそれにめげずに進んでいくことが、子育てをする上でも、とても大切なことであると私は思います。まず親御さんが自信をつけること。そして自分の子どもにも自信をつけさせることです。

日本の成長期には、がんばれば暮らしがよくなるとか、子どもに勉強をしっかりさせれば世の中の成功者になれるという素朴な希望に満ちていました。そのため、一億総教育ママのような時代もありました。ただ、その希望にどれだけの根拠があったかというと、「なんとなく」とか「たぶん」程度のものだったでしょう。人々に元気や希望があれば、根拠がなくても自信は持てたのです。それが今は難しくなったということです。

根拠のない自信が持ちにくければ、根拠のある自信をつけるようにしていきましょう。自信を失いかけているお父さん・お母さん、ぜひ以下のことを知ってください。

〈ポイント〉

1．賢い子育てに必要なのは、お金ではなく、親御さんの自信。
2．親御さんが自信を持てば、子どもも自信を持つ。
3．ただし、その自信を持続させるには、テストでいい点を取るなど、自信を根拠のあるものにしていかないといけない。

学歴だけでなく「学校歴」も重視

今後は大学進学に関する状況にも大きな変化がやってきます。それは、学歴重視はもちろんのこと、さらにどこの大学を出たのかという「学校歴」が重視されるということです。ご存じのように、日本は学歴社会です。一流といわれる企業に正社員として入るためには、大学卒業であることが条件とされてきました。多くの知的専門職の資格を取るにも大卒資格が必要なことが多いものです。日本の場合、大学に入ってしまえば卒業は比較的簡単なので、これまで子どもたちは必死になって受験勉強をしてきました。大学の定員に比べて受験生の数が多かったので、受験戦争とまで呼ばれました。

ところが、現在は単に大学に入るためだけであれば、何の努力もいらなくなってしまったのです。受験生の数と大学の定員がほとんど同じになったからです。

現在、日本には700校以上の大学がありますが、子どもの数は年々減っています。2016年には、1年間に生まれる子どもの数が、ついに100万人を切りました。これは、1899年に統計をとり始めてから初のことであり、第二次ベビーブームと言われる1970年代前半と比べ、実に半分以下になってしまいました。

生まれてくる子どもの数は減る一方で大学の数は増え続け、受験生の数と大学の定員が同じになるという現象が起きました。こうなってしまうと、大学の名前を問わなければ、誰でも大学に入学することができます。なぜなら、人気のある有名大学には受験生が相変わらず殺到しますが、人気のない下位大学には人が集まらないからです。受験生が集まらなければ大学は倒産してしまいますので、なんとしてでも人を集めなければなりません。

その結果、下位の大学では実質的には入学試験が行われません。作文や面接だけで入学できる学校もありますし、受験者数が入学定員の2倍に達しない（入学辞退者が出ることを想定して合格者数は定員の2～3倍のことが多い）ために、名前を書くだけで合格扱いになる大学もあります。そのようなところは、フリーに入れる大学という意味で、「Fランク大学」と呼ばれたりします。

なぜ東大がおすすめか

富士山を思い浮かべてください。現在の日本の大学は、富士山のようなシステムになっています。頂点には東大を中心とした数校の名門大学があり、下に行けば行くほど裾野が広がっていきます。つまり、偏差値上位の大学の数は限られていて、偏差値が下位の大学になればなるほど数が多くなるという構図です。

誰でも大学に入ることができるのであれば、子どもが無理して競争しなくても済むのでよいことではないか、というご意見を聞くことがあります。しかしそれはまちがっています。なぜなら、誰でも大学に入れるのであれば、それは学歴としての価値を持たなくなるからです。つまり、これからの日本社会では大卒は当然で、どこの大学を出たのかということが問われてきます。

そんな状況下だからこそ、子どもの将来を真剣に考える親御さんには、子どもを東大へ進学させることをおすすめします。もちろん東大にもいろいろと問題はあるかもしれませんし、私自身、東大に対して思うところもあります。教授陣に関しても、私の知る限り教えるのが特段にうまかったり、素晴らしい人が多いとも思えません。しかし、そうは言っても、東大が偏差値トップの大学であることは事実ですし、東大を卒業すれば、その後の人生に選択肢が広がっていくことも、大きな魅力です。それ以上に、知的レベルが高く、話をしていてもおもしろい人（異論はあるかもしれませんが、やはり知的レベルが高かったり、知識が多い人との話のほうがおもしろいことが多い）、あるいは、将来への野心が強い人（そういう人の中から成功者が一定数出る）と知り合いになれるのが、最高の魅力です。例えば、ベンチャー企業が集まる東証マザーズで上場している企業のＣＥＯの中では東大卒が一番多いのです。

昔は、どこの大学を出ていても、大卒というだけで一部上場レベルの会社に入れましたし、東大を出た人ほど出世できなくても、終身雇用のおかげで生涯年収は大して変わりありませんでした。日本は学歴社会と長く言われていましたが、実際にはそうでもなかったのです。しかし、現在アベノミクスで多少景気がよくなったとされても、若者の非正規雇用の割合は相変わらず高い中、官僚などの上級公務員に採用される学生も、やはり東大の学生が多い。また文系・理系を問わず、東大の学生は優良な企業に就職しています。最近は、給料の高い外資系金融機関への就職が人気ですが、内定者の多くは東大の学生です。これらの外資系金融機関では、入社一年目から年収が２０００万円になるエリートも生まれると聞きます。

このような実績は、東大の学生が、東大に入る前も入ってからも、やはり勉強をしているからだと考えています。

また、東大生の学力は世界的に通用します。米・ハーバード大学の大学院には世界中の優れた学生が留学に来ますが、東大からハーバードの大学院に進学して落ちこぼれたという話は、まず聞きません。アメリカの大学や大学院、特にハーバードのような名門は、卒業するのがとても難しいとされますが、東大生は難なく卒業します。それほど、東大生の基礎学力は確かなものがあるのです。

東大を卒業すれば幸せか、弁護士になれば幸せか、官僚になれば幸せか、外資系金融機関に入れば幸せか、またはハーバード大学に留学すれば幸せか……それは私にもわかりません。幸せの尺度は、人によってさまざまだからです。しかし、東大を出ることで選択肢が増えることだけは確かです。これから社会に出る子どもに、多くの選択肢を与えてあげられるようにするのは、親としてまちがっていないはずです。子どもの将来を明るいものにしようと考えるのは、親として当然のこと。その具体的な手段として東大合格を目指すのは、とてもよい戦略だと思うのです。

ただし、東大を目指すのであれば、子どもが小さいころからそれなりの準備をしていかなければいけません。もちろん、中学生や高校生になってから勉強に目覚め、いきなり成績が上がっていく子どももいます。しかし東大合格者の多くは、小さいころから自分は勉強ができるという自信をつけています。それは「東大生は4月、5月、6月生まれが多い」という実態から推測できること。幼稚園、小学校、中学校、高校と進学するたびに自信を積み上げて、大学受験を迎えているのです。

お受験と幼児教育

お受験という言葉を聞いたことがあるかたは多いと思います。特にこの本を読んでくださっている親御さんは、子どもの教育に熱心だと思いますので、お受験に関心がある方が多いかもしれません。

お受験とは、一般に小学校入試のことを指します（中学受験のことをお受験ということはあまりありません）。特に大学に付属している小学校に入学するために幼稚園のころから専門の教育を受け、受験するケースが多いのが実態です。（国立大などの例外を除き）付属の小学校に入学してしまえば、そのまま付属の中学、高校と進学して、エレベーター式に大学まで入ることができます。

ただ、ここで一つ知っていただきたいのは、お受験を経験して付属の小学校に入学した子どもは、その後の学力があまり伸びていないということです。

入学した小学校が将来進学したい大学の付属校であれば、問題はないのかもしれません。すでにお受験をクリアした時点で、目的は達成されたといってもいいでしょう。しかし、東大をはじめとする国立の難関校や医学部などに進学するには、小学校、中学校、高校と継続して学力を高めていく必要があります。そのため、お受験で入学した付属の小学校を卒業したら、別の中高一貫校に進学する子どももいます。やはり、小学校に入学した時点で大学進学までが決まっている付属校よりは、東大をはじめとするトップ大学への受験を目標に掲げている中高一貫校のほうが子どもの学習意欲も高くなるでしょうし、学力を高めやすいのだと思います。

今まで幼児に対する教育といえば、お受験対策を意味することが多かったように思います。この点を、今後大きく変えていきたいと思っています。お受験対策とは異なる、さらに先の将来を見すえた幼児教育が必要だと感じているからです。つまり、幼稚園のころから大学受験を目指した、逆算の幼児教育をやっていこうということです。

大学受験を見据えた幼児教育

前述のように、このたび私は新たに幼児教室（I＆Cキッズスクール）を立ち上げました。もともとは、医師という職業柄、女医さんの離職率の高さを何とかしたいという動機からでした。

2014年の日本医師会の報告によると、女医さんの活職率（医師として実際に活動している率）は卒業後から落ち続け、35歳で76％まで減少するとのことです。要するに35歳の女医さんの24％は仕事をしていないのです。

勤めていた病院を辞める離職率を見ると、25～29歳で44％、30～34歳で42％。つまり、34歳までに86％の女医が辞めてしまい、35歳で仕事を辞めないでいる女医は1割余という数字になります。もちろん、これはあくまで「勤めていた病院を辞めた」数字であり、実際にはもっと勤務が楽な病院に移ったり勤務日数を減らしたりするので、4分の3の女医は35歳でも何らかの形で医師を続けているのですが、第一線で働き続ける女医が少ないことには変わりありません。

理由を見ると、妊娠を機に離職する人が55％、育児を理由に離職する人が37％ということです。

もちろん、現在は行政も保育園を増やし続けているし（まだ足りないのは確かですが）、病院も女医さんや看護師さんの確保のために院内保育園などを充実させている（約5割の病院に設置されているというデータがあります）わけですが、仮に保育園が用意されても、それでは満足できない女医さんがいるのは確かです。

私が女性医師の方と話をする限り、彼女たちは、自分の子どもも医師にしたい、自分の子どもには高いレベルの教育を受けさせたいと思う傾向が強いようです。既存の保育園の教育（そもそも教育施設という定義になっていないのですが）では満足できないようなのです。中学受験では専業主婦の子どものほうが強いことは前から知られていて、激務でなかなか家にいられない女医さんたちが子どもの教育に焦りを感じているのはまちがいありません。

そこで、彼女たちが安心できるレベルの、あるいはそれ以上の教育を行う保育園があれば、安心して働けるだろうと考えたわけです。

そのため、このスクールでは、保育園（幼稚園の年齢）のころから大学受験を意識してカリキュラムを組んでいることを最大の特徴としています。カリキュラムといっても大げさなことではなく、大学受験時にへこたれない「勇気」をどう持ち続けるかと、勉強が好きになっていく気持ちを徐々に高めていくにはどうすればいいか、先々勉強が難しくなっても挫折しないようにするにはどうすればいいかという点を考えて、学習内容・スケジュールを組んでいます。

最も重要な点は、最初にお話ししたように、いかにして子どもに自信を持たせるかです。また、親子がそろって自信が持てるように、いかに明確な根拠を作ることができるかということです。

私が知る教育者で、この「根拠ある自信」を作るのが上手な先生がいます。一般財団法人基礎力財団理事長をされている、教育クリエイターの陰山英男先生です。陰山先生は小学校教員をされていた時に、「百ます計算」を授業に取り入れ（もちろん、これだけでなく彼が指導した生徒の生活改善も重要なポイントなのですが）、生徒の学力を大きく向上させた実績をお持ちです。

百ます計算をご存じない方のために簡単にご説明します。

紙を一枚用意し、まず、タテに12本の線を引きます。次にヨコに12本の線を引きます。そうすると、121個のマスができます。この121個のマスの中の、一番左の一番上のマス一つを空けます。一つマスを空けたら、いちばん左のタテのマス10個に、0から9までの好きな数字を書き入れます。同じ要領で、今度は一番上のヨコのマス10個に、0から9までの好きな数字を書き入れます。準備はこれだけ。そして子どもたちは、用意スタートという掛け声とともに、タテの数字とヨコの数字をどんどん足し算していきます。同じ要領で引き算や掛け算をすることもあります。

この百ます計算のすぐれたところは、ごく簡単な足し算や引き算をするときに、子どもが競い合えるよう、タイムを計ることです。百ますのすべてに数字を書き込むまでにどのくらい時間がかかるかを、生徒一人ひとり記録します。

最初は、全部のますが埋まるまで5分かかるかもしれません。しかし子どもの能力は毎日進化していきますから、百ます計算を毎日すると、記録は必ず速くなります。昨日5分かかったものが、今日は4分30秒になるかもしれません。今日4分30秒だったものが、明日は4分15秒になるかもしれません。

そうして毎日のタイムを記録していけば、子どもは自分が成長していることが実感できます。これが、根拠ある自信に結びついていきます。

ちなみに、百ます計算の全国平均は1分25秒だそうですが、陰山先生は受け持った生徒全員に百ます計算を実施し、日々記録を伸ばしていきました。最後には生徒全員が全国平均を超える計算スピードになり、子どもたちはみな、勉強に対して根拠のある大きな自信を持つようになりました。

このように根拠のある自信とは、目に見える実績をもとにした自信と言い換えることができます。

百ます計算をして記録が毎日更新できたら、子どもはとてもうれしいでしょう。やがて自分の計算速度が全国の平均を超えるようになれば、自分は計算が得意なのだという気持ちを持つことになります。そして、それを見ていた親御さんは、明確な根拠を持って、お前は算数が得意なのだね、だって、全国の子どもたちよりもはるかに計算が速いのだもの、と自信を持って言えるようになります。目に見える実績があると、それは親御さん自身の自信にもなるのです。

〈ポイント〉

1．大学卒業はあたりまえ。今後はどこの大学を出たかが、より問われる。
2．東大をはじめとする難関大学や医学部に入るには、幼少期からの教育が大切。
3．親子ともに、徹底して根拠ある自信を身につける。

幼稚園児から国語、算数、英語を

百ます計算は、ある程度の計算ができるようになってから取り入れるべきものですが、幼少期から根拠ある自信を持たせるためには、三つの科目を教える必要があると考えています。その三つとは、国語、算数、英語です。この三つの科目が、実は子どもが最も成功体験をしやすいものなのです。

幼稚園のころから子どもに国語や算数や英語を勉強させることに、違和感を持つ親御さんもいらっしゃるかもしれません。

幼稚園児であれば、絵を描いたり、歌を歌ったり、お遊戯をしたり、外で元気に遊んだりするほうがいいと思うお母さんは多いと思います。もちろん、絵を描くことや歌を歌うことを否定しているわけではありません。ただ、それだけでは幼児教育は不十分だということです。なぜなら、絵や歌やお遊戯では、子どもが成功体験をしにくいからです。

成功体験とは、子どもが何かに挑戦をし、それを周囲にほめられたり、自分でうまくいったと思えることで持つ達成感のこと。そのためには、子どもにとってある程度難しいことを課すほうが賢明です。絵や歌やお遊戯は、子どもには楽しい体験かもしれませんが、何かの大会やコンテストで入賞するなどの特別な場合を別にすると達成感が得にくいため、成功体験になりにくいのです。その点、国語、算数、英語の三科目は、子どもに日々新たな挑戦をさせ、それができるようになったことを子どもに示すことで達成感を味わわせることが比較的容易です。

たとえば国語について言えば、まず子どもに、なるべく早いうちにたくさんの字を覚えさせます。ひらがなを教え、カタカナを教えて、次に漢字を教えていきます。なるべくたくさんの漢字を覚えさせるようにします。そして、それを書かせてみたりテストをすることで、ちゃんとできるようになったことを実感させることができれば、成功体験になり、根拠ある自信が持てるわけです。

字を覚えると、子どもの語彙は一気に増えます。語彙力がつくと、子どもはそれを使いたくなります。自分の名前を書きたくなりますし、親御さんをはじめ家族の名前を書きたくなります。また、おじいちゃんやおばあちゃんへ手紙を書きたくなります。さらに、絵本に書いてある文章を声に出して読みたくなります。語彙力がつき、それを使うことによって、子どもの日本語能力は急速に進化していきます。幼稚園児でありながら、大人が使うような言葉を使って会話をする子も珍しくありません。

算数にしても、同じことが言えます。まず1から10までの数を数えられるようにします。次に3枚も3個も同じ数であることをわからせるようにします。さらに、3よりも5の方が大きいことを理解させ、7よりも2の方が小さいことを理解させます。

このように徐々に数字についての理解を深めさせていきながら、その都度、できるようになった、わかるようになったことを実感させて自信をつけていきます。

そのうち、足し算・引き算を教えていきます。すると子どもは、数字についても興味を持つようになり、自分のできることを増やしたくなっていきます。この繰り返しで、子どもは数を使って計算することのおもしろさを感じるようになっていきます。

英語については、私は丸暗記がいいと考えています。幼少期の子どもに、外国語である英語を単語と文法に分けて教えても、なかなか理解は進みません。それよりも、英語の文章をそのまま丸暗記させてしまうほうが、身につきやすいのです。

こう思うに至ったのには、ある経験があります。私がアメリカ留学していたときのこと。私は英語が好きで、学生のころからきちんと勉強してきました。しかし、いざ本場のアメリカに行くとなかなか思うように意思疎通ができません。ところが、知り合いの子どもさんは、３歳半でありながら日本からアメリカに来て間もなく英語を話すようになりました。アメリカ人の友だちに向かってその子は、What are you doing?（何してるの？）と、こともなげに話しているのです。

この文章を文法的に解釈したら、相当に高度であることがわかります。whatという疑問詞で始まり、さらに現在進行形も用いているものです。幼稚園児に向かって疑問詞だの現在進行形だのといった説明をしても理解はできませんが、何しているの？　と聞きたいときには What are you doing? と言うのだと教えてしまえば、それをそのまま丸暗記して、子どもはその文章を英語として話すことができます。こうして子どもは、英語でも自分のできることをどんどん増やしていきます。

国語、算数、英語の三科目に関する具体的な教え方については、のちの章でも詳しく触れますが、ここで知っておいていただきたいことは、幼少期のころから、勉強は子どもにとって必要なものだということです。子どもが日々の勉強を通じて、自分は賢くなったという実感を持てば、それが成功体験につながります。昨日よりも文章がスラスラ読めるようになった、昨日よりも計算が速くなった、昨日よりも知っている英語が増えたというように、目に見える成果が、根拠ある自信となって子どもの身についていきます。よその子より字を知っている、計算ができる、英語も話せるという比較ができればなお（いい意味での）優越感を持つことができ、自信につながります。

親御さんとしても、子どもができたことを具体的な材料にして、根拠を持ってほめることができるようになります。よその子どもと比較が難しい環境でも、陰山先生のように日本の平均よりすごいんだよ、と子どもに知らせられれば、自信を持ってほめることができるでしょう。

お金をかけなくても幼児教育はできる

幼児教育のための教室を立ち上げたと先に触れました。このように説明すると、幼児教育はお金をかけて専門家に任せないとできないのかという質問を受けます。しかし、それはまったくの誤解です。

幼児期の子どもに自信をつけさせる教育というのは、私たちのようなプロでなくても、家庭でできることがほとんどです。確かに、日本語力をつけるにも、算数を子どもでもわかるように教えるのにも、ある種のテクニックは必要ですが、それを身につければ、高校までの教育を経験した（できれば大学受験までの受験経験があったほうがいいですが）親御さんであれば可能です。英語だけはネイティブの先生がいるほうが有利ですが、発音以外は、やはり中学高校で英語を勉強した親御さんであれば可能なものがほとんどです。

幼児教育は、基本的にはお金をかけずにご家庭でも十分にできます。むしろ時間が自由に使える専業主婦のお母さんのほうが、幼児教育には有利とも言えます。現に、子どもが小さなころから勉強を教え、小学校に入ってからも勉強を見てあげて、名門の中高一貫校に子どもを合格させるお母さんの大部分が専業主婦とされています。

ではなぜ私が幼児教室を立ち上げたのかというと、それは前述のように働く女性のためです。お医者さんに限らず、弁護士さん、または企業の管理職として活躍している女性はたくさんいます。しかしそのような女性の中には、子育てのために自分の仕事を途中で断念してしまう方もいます。女医さんの離職率の高さは顕著ですが、資格があってその気になれば復職しやすい女医さんと比べ、企業や官公庁で仕事をしている人が子育てを優先して仕事を辞めるということになると、復職後に元のレベルのポジションを得るのは日本ではまだまだ困難です。これは、とてももったいないこと。そのような女性のキャリア・ロスを防ぐために、私は保育園型の教室を運営しています。

のちの章でも詳しく触れていきますが、幼児教育の基本は、子どもとどれだけ長い時間を一緒に過ごせるかが鍵です。その意味で、最も有利な立場にいるのは専業主婦のお母さんであり、私たちの教室は、それができない、仕事を持つお母さんたちのための代行をしているということになります。

ただし、時間をかければいいというものではないのも事実です。中学受験や大学受験の成功者の親の多くが専業主婦であり、子ども4人を名門の私立中高一貫校から東京大学理科Ⅲ類に合格させた（子ども自身が合格したのですが、彼女の話を聞くと「させた」という表現を使いたくなります）佐藤亮子さんのような成功者もいる一方で、多くの専業主婦のかたは、子どもの中学受験や大学受験で思わしい結果を出せていないようです。それは教育テクニックを知らなかっただけなのに（佐藤さんご本人は東大卒ではありませんが、私の本を含め驚くほど大量の受験テクニックの本を読んでおられました）、多くのかたが素質や遺伝のせいと勘違いしているという現状があります。

共働きのお母さんは祖父母を味方に

幼児教育は専業主婦が有利といっても、現在は、多くの女性が働いています。保育園や幼稚園に子どもを預けて、朝から晩までフルタイムで働いているお母さんも多いと思います。ハイレベルな教育をする幼児教室に子どもを預けるとすれば、物理的な距離もあるでしょうし、プロフェッショナルなスタッフがいるため値段が高くなってしまうという問題もあります。

しかし、そんなときにぜひ味方につけていただきたいのが、ご家族の存在です。特におじいさん、おばあさんがお近くにお住まいであれば、ぜひ協力を仰いでください。幼稚園児のお子さんであれば、そのおじいさん、おばあさんといっても、多くの方はまだ60代前半だろうと思います。まだまだお元気でしょうし、お孫さんの面倒も楽しみながらみてくださるのではないでしょうか。

今のおじいさん・おばあさん世代（60代から70代）は大学進学率も高まっていたはずですし、高卒であったとしても、少子化の今とは比べ物にならないくらいの競争を体験しているので、とても知的レベルが高い世代です。本書で書かれていることを、忙しい親御さんの代わりに実践するのは難しくないはず。孫を幸せにしたい、孫に健全な自信をつけさせたいと願うおじいさん・おばあさん世代にも本書をぜひ読んでいただきたいのです。

幼稚園や保育園から子どもが帰ってきたらそのまま遊ばせてしまうのではなく、誰かが子どもの相手をしてやってほしい。誰かが子どもと一緒に楽しみながら勉強を教えてあげてほしいのです。それが子どもの能力を大きく引き出すことにつながります。

〈**ポイント**〉

1．根拠ある自信を与えるために、国語、算数、英語の三科目を取り入れる。

2．成功体験は、勉強ができたときに得られる。それが根拠ある自信を生む。

3．幼児教育にお金はかからない。専業主婦が家庭でできる。

幼児教育で小学2〜3年生までの内容を

ここでいったん、これまでの〈**ポイント**〉を整理してみてください。

とても大切なことばかりですが、実はごくあたりまえのことを指摘しており、親御さんのがんばりでどこのご家庭でもできることだと思います。

ここからは、少し具体的に幼児教育の進め方を考えていきましょう。子どもが現在幼稚園児だと仮定して話を進めます。幼稚園児ですので、4歳、5歳、6歳といった年齢です。何歳までにどこまでの勉強をしておくのかが、一つの重要なポイントです。私は幼稚園を卒園する6歳の時点で、小学校の2年生、できれば3年生までの国語と算数が習得できていればすばらしいと考えています。

なお英語については、小学校では外国語活動と呼ばれる実験的な試みが導入されている状況であり、まだ正式科目としては習いませんのでここでは省略し、最後の章で英語の勉強方法についてお話しします。

最初の入り口として、国語であるならば字を、算数であるならば数を覚えることから始めます。この場合、すでに幼稚園などで使用している教材があるならば、それを使って国語や算数の勉強に入っていきましょう。

また幼稚園や保育園によっては、こうした学力としての幼児教育を実施しないところもあるかもしれません。お手元に教材がない場合は、書店で教材を見てお母さんが気に入ったものをお買い求めください。現在の幼児教育の教材はどれもよくできており、最初の入り口として字や数を覚えるためであれば、どんな教材を選んでいただいても構いません。

初歩的な字や数の勉強が進んだら、今度は、小学1年生が使用する国語の教材、たとえば漢字ドリルや文章ドリルを書店に見にいきましょう。同様に算数も、小学1年生が使用するレベルの算数ドリルを実際に見にいきましょう。

ここで教材を選ぶポイントは、親御さんが一緒になってその教材に取り組みやすいかどうかです。そして、子どもが理解しにくい場合に、その教材を使って親御さんが教えやすいものであるかどうかという視点で、内容を確認してください。評判のいいものであっても、親御さんが教えられなかったり子どもに合わないものであれば、別なものを選んでください。必ず自分たちに合うものが見つかるはずです。

幼児教育は、子どもが一人で勉強するものではありません。詳しくはのちの章でも触れますが、必ず親御さんが勉強に併走してあげることが重要です。ドリルを買い与えて子どもまかせにしても、得られる効果は多くありません。

小学1年生の分が終わったら、同じように2年生の分の勉強を進めます。もし2年生の分が順調に理解できたら、幼稚園卒園までに、3年生の分を終わらせることを目標にしましょう。

先取り学習

このように、幼稚園児の時から小学校低学年分の勉強を進めることを、先取り学習といいます。先取り学習については、賛否両論あります。教育関係者の中でも意見は一致していませんが、私は、先取り学習は大変よいものと考えています。なぜなら、これこそが子どもにも親御さんにも、根拠のある自信を身につける最強の方法だと考えるからです。

まず、幼稚園児のときに字や数を覚えて勉強の基礎を作ることは、それ自体が大きな自信につながります。そして、たとえば5歳のときに、小学1年生が使うような漢字ドリルや算数ドリルができるようになれば、それはさらに大きな自信になるでしょう。幼稚園卒園時に、小学2年生、もしくは3年生までの勉強内容がある程度理解できていれば、それは明確な根拠のある自信となって、子どもと親御さんを支えることになります。

先取り学習の話をすると、小さな子どもにそんなにたくさんの詰め込み教育をしていいのかという質問が必ず出てきます。私はいつも、「問題ありません」と答えます。

そもそも詰め込み教育に対する批判というのは、嫌がる子に無理矢理に詰め込むことに対するものです。子どもにちゃんとキャパシティがあって、嫌がっていないなら、問題ないのです。

この頃の子どもの脳は、記憶力が旺盛に働いています。なんでもどんどん覚えることができます。この時期に、日本人なら日本語が、アメリカ人なら英語がどんどん話せるようになるのは、文法も知らないのに文章が丸暗記できるという記憶力の賜《たまもの》です。そして、子どもにとって新しくものを記憶することは、とてもうれしい、楽しいことなのです。

ひらがなや漢字を覚えれば覚えるほど、言葉を知ってたくさんのお話ができるようになりますし、文章を書いたり読んだりすることもできるようになります。数字を覚えれば、数を数えることができるようになり、やがて足し算や引き算もできるようになります。またゲームのように九九を早いうちから暗記してしまうのも、まったく問題ありません。小学校に上がる時点で九九を暗記してしまっていれば、子どもにも親御さんにも心の余裕が生まれることでしょう。

このような詰め込み型の教育（詰め込み教育は悪い意味で使われることが多いのであえてこういう呼び方をします）は、むしろ9歳までにどんどんやっておいてほしいと思います。なぜならば、子どもの脳は9歳で大きな変化を迎えるからです。

9歳の壁

子どもの脳（あるいはそれによる情報処理能力）は、9歳もしくは10歳あたりで変化していくとされています。学年でいうと、小学校の3年生か4年生あたりにかけてです。

9歳までの子どもは、暗記が得意です。記憶力がいいので、なんでもどんどん記憶されていきます。ところが9歳を過ぎたころから子どもの脳は、記憶力に加えて論理的な思考力が出てきて、抽象的な概念も徐々に理解できるようになっていきます。ゆえに小学校で教える内容も、3年生までは暗記が中心ですが、4年生からは暗記に加えて論理的な思考力を使うような問題も課されるようになります。

小学校の3年生までと4年生からでは勉強の質が大きく変わるので、ここで勉強に躓《つまず》く子どもがかなり出てきます。なぜ躓くかというと、脳の変化は子どもによって個人差があるためです。記憶力中心だった子どもの脳は9歳を境にして論理的な思考力にも対応できるようになってきますが、そこには個人差があるのです。すべての子どもが9歳になったら自動的に脳が切り替わるというものではありません。記憶力中心の脳が思考力にも対応できるようになる境目が、「9歳の壁」と呼ばれるものです（まだはっきりと証明されたものではありませんが、教育関係者でそれを実感する人が多いようです）。

9歳の壁を越えないと、小学4年生以降の授業（あるいは、中学受験塾のカリキュラム）はわからなくなりますので、お母さんは大きな不安を感じるようになります。しかし心配は無用。個人によって時間差はあるものの、脳に特別な障害などがない限り、子どもは必ず9歳の壁を越えることができます。

ここで大切なことは、9歳の壁を越えられるかどうかという心理的な不安の解消と、先取り学習は大いに関係があるということです。もし仮に、子どもが9歳の壁を越えるのが少し遅れたとしましょう。その場合でも、先取り学習をしていれば、暗記しなくてはならないことはすでに頭に記憶されているため、子どもにもお母さんにも心の余裕があります。また9歳の壁を越えるまでにしばらく時間がかかりそうな場合は、暗記の勉強を先行させておいて、たとえば9歳や10歳のときに小学6年生までの漢字をすべて暗記してしまうという手もあるわけです。

さらに、幼稚園児のときからの先取り学習で、特に国語力を鍛えておけば、9歳の壁を越えやすくなる可能性が高くなります。幼少期から字を覚えて読み書きに親しんでおけば、それだけ文章の読解力は高まるので、いざ9歳になったときに論理的な思考力が発揮しやすい可能性があるのです。

中学受験の分かれ道

東大をはじめとする難関大学や医学部に合格するためには、中学受験をどうするかということを考えなくてはなりません。私は公立の中学校、公立の高校に進学するのではなく、私立の中高一貫校に進学することを強くお勧めします。

評判のすこぶる悪かったゆとり教育は修正されつつあるものの、現在でも公立中学、公立高校のカリキュラムは、私立に比べて相当見劣りしているように感じます。やはり東大をはじめとする難関大学に合格するには、それ相当の方法があります。多くの東大合格者を出している私立の中高一貫校には、その方法と長年の経験が蓄積されています。私も灘校という私立の中高一貫校に進学しました。灘中、灘高で勉強したおかげで、学校だけでなく、先輩や同級生から有効な学習方法を教えてもらうことができ、受験での学力以上の強さが身について、現役で東大理Ⅲに合格できたと思っています。

私立の中高一貫校に入るには、中学受験をしなくてはなりません。中高一貫校では、高校から途中で入学することはあまりなく、あっても少数です。多くの子どもは、中学受験を経て入学します。

中学受験をするには、小学校の4年生くらいから受験勉強をしていく必要があります。受験勉強のために専門の塾に通わせるのか、それともお母さんが受験勉強を見てあげるのかはそれぞれのご家庭の事情にもよりますし、親御さんの熱意にもよります。専門の塾に通わせていても、前述の佐藤さんのように母親からの受験指導も加えられたほうが有利なのも確かです。

しかし、それ以前の問題として、幼少期から先取り学習をして、子どもも親御さんもしっかりとした自信を持っているのかどうか、そしてその自信に支えられて、小学校の4年生時点でさらにこれからも学力を上げていこうという意志を持っているのかどうか、が大切なのです。

大学受験に成功するかどうかの分かれ道の一つは、中高一貫校に入るための中学受験にあります。そして中学受験に成功するかどうかの分かれ道の一つは、園児の頃から幼児教育をほどこした結果、小学校入学時に子どもと親御さんが自信を持っているかどうかにもあるのです。

〈ポイント〉

1．卒園までに、小学2年生、3年生までの内容を先取り学習する。

2．幼少期の子どもへの詰め込み教育は、まったく問題ない。

3．小学校入学前に大学受験の勝負は始まっている。

二章

「自信のある子」「ない子」がいる環境

環境には精神面と物理面の二つがある

この章では、実際に自信のある子どもがいる環境と、自信のない子どもがいる環境が、どのように違うのかという点を考えていきたいと思います。

環境といっても、それには精神面と物理面の二つの側面があります。精神面とは、子どもと親御さんがどのような信頼関係を築いているかということ。そして物理面とは、実際に子どもと親御さんがどのような物理的な環境で暮らしているかということです。

まずは、精神的な環境から見ていくことにしましょう。

私は子どものころに、いじめを経験しました。

小学校の時は父親の仕事の関係で6回も転校し、関東に行ったり関西に戻ってきたりしていましたが、関東圏にいるときは関西弁を馬鹿にされました。また関西に戻ると東京言葉をキザだと言われ、その上、運動が苦手であったためにいじめの対象になりました。

中高一貫校である灘校に入学してからも、いじめに遭いました。進学校である灘校のようなところにもいじめがあるのかと驚かれることがありますが、意地の悪い人間はどこにでもいます。校内の小さなごみを入れる木箱のようなところに閉じ込められて授業に出られなかったこともありますし、学校のプールに投げ込まれそうになったこともあります。そのほか、窓から柔道着の帯で吊るされたこともありますし、ちょっとしたことで殴られた記憶も何度かあります。

今思い出しても、決して愉快な記憶ではありません。しかし、当時の私は小学校からずっと続いたいじめに負けることはありませんでした。母のフォローがあったからです。

母は、いじめられている私に対して、常に励ましの言葉をかけてくれました。しかもその言葉は、私にとってきわめて現実的で具体的な解決法になっていました。たとえば大阪から東京に引っ越したときに大阪弁をからかわれていじめられたとき、母は、東京の人間のほうが田舎者だ、そんな馬鹿なやつらに合わせることはないと言って軽くあしらいました。そして周囲の子をむしろバカにして勉強して見返してやれ、という対応でした。

実際、勉強して灘校に入って見返したつもりだったのですが、ここでもいじめられ、勉強ができる子の中に入ってもいじめられるのだということを知りました。そのときも、「灘校のような学校でもいじめられるのだから、お前はかなりの変わり者だ。だから、将来も普通の会社ではうまくいかないだろう。それを頭において、勉強して資格でも取りなさい」と言って背中を押してくれました。母は勉強という対抗手段を教えてくれたのです。きれいごとで、みんなと仲よくしなさいなどとは決して言いませんでした。みんなに合わせなくても、勉強ができれば十分に食べていけることを教えてくれました。

今思うと母は強い人ですが、決して勉強ができないことを叱ることはなく、しないと損だ、という形での教育を行いました。子どもである私のことを丸ごと信じ、愛し、そして十分に私のことを考えた上で、現実的なアドバイスをしていたのだと思います。

私も母のフォローがありがたかったですし、親子の強い信頼関係で結ばれていることを実感していました。仲間はずれになることを恐れなくてもいいのだ、自分の考えを磨けばいい。自分の能力を磨いていけばそれでいいのだと教えてくれました。その教えがあったのに、一時期世の中を斜に見るようになって、ラジオの深夜放送ばかり聴き勉強の成績も相当落ちましたが、その後立ち直って東大理Ⅲに現役合格したのは、やはり勉強で身を立てるしかないという気持ちを母が与えてくれたからだと思っています。

私は母との強い精神的な結びつきと信頼関係によって、自信のある子どもになることができました。だから、灘校で落ちこぼれていた時も、やればできる、やり方を変えればできるという、そこはかとない自信がありました。これが私の育った環境です。そして、自分を曲げることなく生きていくという姿勢も、バカにならないために勉強するという生活スタイルも、今でもずっと続いています。

落ちこぼれだった弟

前の章でも触れましたように、私には弟がいます。彼は現役で東大文Ⅰに合格しました。東大在学中に司法試験にも合格し、東大法学部卒業後は官僚として働いています。こう書くと弟は秀才のように見えますが、実はまったく違います。

とにかく勉強ができない子でした。彼は小さなころから病弱で、12月生まれ。他の子どもに比べて成長も遅いように見えました。字や数の覚えが悪く、小学1年生のときには、普通学級で勉強をするのは難しいのではないかとも言われていたようです。

両親は、私がそろばん教室で1年で3級（3桁くらいの掛け算が暗算でできるレベルです）になるのを見て、そろばんのような手を動かす作業であれば弟にもできるのではないかと考え、小学校低学年のときにそろばんを習わせます。しかし、左利きだった弟は、そろばんに不向きで早々に挫折してしまいます。当時のそろばん塾は、左利きの子どもに左でそろばんの玉をはじくように指導してくれなかったので、弟はそろばん塾でも落ちこぼれてしまいました。

しかしその後、弟は母の勧めで公文《くもん》式の教室に通うようになりました。公文式はご存じのように、学年にしばられることなく、子どもの理解度に応じて段階的に教材に取り組んでいくところです。弟は公文式で初めて勉強に積極的に取り組むことができ、小学4年生のころには、一つ上の学年の算数までできるようになりました。これが弟が自分と同じ学年の子に勝った人生初の体験と言っていいでしょう（実際には、1学年上の内容をできる子は公文にはたくさんいたのですが）。

徐々に勉強に目覚めた弟は、私の影響もあってか灘校を受験したいと言い出し、その準備に向けて中学受験塾に通うようになりました。しかしその塾は関西でも名門の受験塾であり、生徒の半分が灘中に入るような塾です。灘の定員は170人なのに、弟の成績は模擬試験などでも1000番台でした。弟はそこでも落ちこぼれてしまい、灘校は不合格となりました。その代わりに、大阪星光学院という中高一貫校に入学しました。

大阪星光学院はいまでは難関の中高一貫校ですが、弟が入学したころはさほど名門校ではありませんでした。毎年京大合格者が1人出るか出ないか、阪大には4～5人程度しか合格しないような学校でした。弟はそこで、高校2年生の終わりの時点で240人中60～80番くらいの成績でしたので、世間的に言うと関関同立（関西大学、関西学院大学、同志社大学、立命館大学）に行けばいいという程度の存在でした。

しかし弟は、1年後の高校3年生の受験時に、東大文Ⅰに合格します。大阪星光学院開校以来、2人目の東大文Ⅰ現役合格となりました。弟の前に現役で東大文Ⅰに合格した人は、学校の中でも抜きん出た存在で、開校以来の天才のような存在だったようです。ゆえに、高校2年の終わりまで中の上くらいの成績だった弟が、1年後に東大に現役合格するというのは、やはり快挙であったことでしょう。

弟の変化

なぜ子どものころから落ちこぼれだった弟が、現役で東大文Ⅰに合格することができたのでしょうか。弟の変化を、順を追って見ていきたいと思います。

灘校に落ちて大阪星光学院の中学に通いだした弟は、少なくとも最初の2年間は嫌々学校に行っていました。休みがちで出席日数もギリギリ、不登校に近いような状態でした。家から学校まで遠いのが負担になったのだと思います。片道1時間半の電車通学です。通学中にしょっちゅう、下痢や吐き気で途中下車をして家に帰ってきたりしていました。朝の阪急電車の特急は、ものすごく混むのです。当時中学生だった弟には、相当な負担だったと思います。見かねた母が、家をもう15分早く出て各駅停車に乗って座って学校に行くように言いました。それから弟は、約2時間かけて、座りながら通学するようになりました。精神的には落ちついたようで、毎日、好きな本を読みながら片道2時間の通学をこなしていました。

本好きが高じたのか、弟は高校1年から2年にかけて、京大の哲学科に行きたいと言うようになりました。京大に行きたいと言っても、さきほども触れたように高校2年の終わりの時点で、弟の成績は平凡なものでした。とても京大に受かるようなレベルではありません。それでも高校3年生になると弟は、その頃、灘校から現役で東大理Ⅲに合格して浮かれている私の姿を見て思うところがあったのか、なんと志望校を東大にすると言い出しました。

弟は私にこう言いました。勉強ができないのは自分の頭が悪いからではなく、学校の教え方が悪いからだ、だから灘校の勉強の仕方を教えてほしい、灘の勉強の仕方をマスターすれば東大には受かるから、と。弟からこう言われれば、兄としては断るわけにはいきません。

まず、彼は数学はまったくできませんでしたから、答えを丸暗記しろ、と教えました。これは、実は私自身が灘校で落ちこぼれから脱却した時に身に付けたテクニックですが、灘校では主流派の勉強法ではありませんでした。数学の得意な子が多い灘校では、自分で解く子のほうが多かったのですが、暗記型の数学勉強法で成績を伸ばした子も少なからずいます。弟の記憶力がいいのを知っていたので勧めたのですが、前にも触れたように、このやり方が劣等生を救うと確信して、のちに私が書いた本『受験は要領』の中の「数学は答えを暗記すればいい」という、多くの読者に支持された考え方につながっていきます。

日本史は、私立大学受験向けのような、細かい年号を覚える勉強は一切やめ、東大向けの勉強法を教えました。当時の東大では、「次の８つの言葉を用いて、○○時代の貨幣経済の特色を８００字以内で述べよ」というような論述問題が出たのですが、これは私大向けの勉強法では対応できません。灘校生が受験対策で読んでいた歴史に関する新書を何冊か読ませました。英語に関しても、東大が出す要約問題など特殊な問題に十分対応できるようなトレーニングを積んでいきました。

このように灘の勉強方法を教え込むことによって、弟はたった1年間で東大の入試問題に対応できるような学力を身につけ、奇跡の東大文I現役合格を果たしたのです。

弟を救ったのも母

ここで重要なのは、小さなころから落ちこぼれで勉強ができないと言われ、実際に成績が長いあいだ低迷していた弟が、なぜ灘校の勉強法を実践すれば自分も東大に受かるはずだという自信を持っていたのかということです。

前章で触れた、根拠のある自信と根拠のない自信の観点で見ると、弟の件は明らかに根拠のない自信だったわけです。弟は小さいころから病弱でしたし、大阪星光学院に進学してからも目立つ存在ではなく、リーダー役などにもならないタイプの子でした。取り立てて強気な性格でもない弟が、なぜ勉強については自信を持つことができたのでしょうか。弟を救ったのは、やはり母だというのが私の結論です。母は、弟が子どものころからずっと、お前はできる子だと言い続けていました。子どものころから勉強がよくできた兄の弟なのだから、お前もできないはずがないと言い続けていたのです。

ちなみに、学校での勉強や大学受験程度までの試験対策に、遺伝は関係ありません。要領よく勉強をすれば成績は上がり、そうでなければ、つまり勉強の仕方が悪ければ、やっている割に成績は上がりません。ただそれだけのことです。もちろん勉強というのは蓄積が物を言うものなので、小さいころから勉強をしていたか否かの差は、後々影響があるでしょう。しかし、それは遺伝とは違います。

現に、私の両親も東大など出ていません。父は一流とは言い難い私大の出身ですし、母は女学校卒、今の高卒です。この事実だけを見ても大学受験までの勉強と遺伝は関係ないことがわかるのですが、母は自分の学歴はおかまいなしに、弟に「お前は勉強ができるはず」と言い続けたのです。

その一方で、父は弟に対して子どものころから〝お前は勉強ができない〟というレッテルを貼り続けていました。ある日、父が弟を連れて大阪の街を歩いていると、会社の同僚に出くわしました。そのとき、すでに私は灘校に受かっていて灘校生になっていましたが、父はよほどそれが嬉しかったのか、会社でも長男が灘校に通っていることを自慢していたようです。そんな折に街で父と子が歩いているところを会社の同僚の方が見かけたものですから、その人は父に、このお子さんが灘校に通っている賢い息子さんですか、と話しかけました。すると父はなんと、「いやこっちは弟、アホなほうの子です」と言い放ったそうです。同じ息子でありながら、父は長男である私と弟を露骨に差別していました。

今思えば、これは父なりの教育だったのかとも思います。社会は結果を出さなければダメなのだという厳しさを、弟にも伝えたかったのかもしれません。ただし、当時の弟としては父のそんな差別はこたえたようで、今でもこのエピソードを口にすることがあります。

弟が父からのキツイ言葉にめげなかったのも、やはり母の継続したサポートがあったからら。父の差別はおかまいなしに、母は弟にお前はできる、お前は賢いと言い続けたのです。

祖母の力も借りた

母のこのような話の裏打ちになったのは、母方の祖母の話でした。弟はおばあちゃんの家に行くのが好きな子でした。入学した大阪星光学院がおばあちゃんの家まで歩いて行ける距離だったこともあり、学校の帰り道にしょっちゅう、おばあちゃんの家に寄っていました。

そこで彼は、祖母からも、母から聞いていたような家柄の話を聞くようになったのです。当時すでに亡くなっていた祖父が、上野の美校、現在の東京芸術大学を卒業して彫刻家をしていたことや、一族はみな大阪で商売をして成功していたといった話、みな頭がよく周囲から一目おかれる存在であったことなどを強調し、今思えばずいぶん誇張も交えて話していたようです。

戦争で家はいったん没落してしまったけれども、賢い家系なわけだから、必ずうちの子どもは成功する。成功してお家再興をすればいいという話を、弟は母や祖母からしょっちゅう聞いていました。弟はその話を信じて育ってきていて、それが弟の強烈な自信となって成長を手助けしたと考えられます。

これはとても重要なことです。子どもの学力や能力を伸ばすのには、受験予備校的なテクニックも必要ではありますが、それ以前に、そしてそれ以上に、親が真剣にその子どものことを思い、励まし続けることが成功のカギとなるからです。

コフートとアドラーのメッセージ

ここで二人の心理学者、ハインツ・コフートとアルフレッド・アドラーが言っていることを紹介しましょう。この二人はそれぞれ心理学、精神医学の世界的な権威ですが、ここでは難しい話をするつもりはありません。コフートとアドラーのメッセージは、子育てに奮闘している親御さんの役に必ず立つと思います。

コフートは、子どもの基本的な野心は親からほめられることによって生まれると説明しています。つまり、子どもというのは、生まれつき野心を持っている生き物ではなく、たとえば、よちよち歩きをした時に、お母さんが目を輝かせてよくやったと喜ぶ様子を見て、もっと喜んでもらいたいという野心を持つようになるのだということです。

つまり、お母さんに愛されている子どものほうが野心的になり、何にでも挑戦するようになり、成功の度合いを高めていくのだとコフートは言っています。逆に言えば、親からの愛に恵まれない子どもには野心が育たないということでもあります。野心がなければ何かに挑戦する欲求も出てこなくなり、成功の度合いも低くなっていきます。あらためて言うまでもないことですが、親からの愛は、子どもにとってとても大切なものなのです。

次にアドラーを紹介します。アドラーは、近年、日本でも多くの関連書籍が出たので名前を知っている方も多いと思いますが、子育てについても、とても大切なことを言っているのです。

コフートは先ほど紹介したように、親にほめられることによって子どもの野心が育つと考えているのに対して、アドラーは、親が子どもをほめる必要はないと考えます。人間は他人に勝ちたいという欲求を、生まれついた時の本能として持っているとアドラーは説明します。ゆえに子どもは、どんどん競争にさらされていくほうが好ましいのであり、その競争の中から、自分が伸ばしたい芽を見つけていくのだと言います。

しかし競争にさらされれば、負ける時もあります。子どもは他人に勝ちたいと思っても、負ける時もあるでしょうし、負ければ劣等感を持ちます。この時に劣等感が解消されなければ、それは劣等コンプレックスとして子どもに残ります。劣等感を持つのは悪いことではないのですが、それが劣等コンプレックスとして残ってしまうのはよいことではありません。そこから子どもは、自信をなくしていってしまうからです。

親御さんは、子どもが幼稚園や小学校に通っていて、何らかの競争をして負けた場合、その劣等感を別の方法で優越感に変えてあげることが必要になってきます。他のことで成功体験をさせ、子どもに常に自信を持たせることが大切です。

コフートの言っていること、アドラーの言っていること、このどちらが正しいのかということではなく、これはどちらも正しいのでしょう。コフートの言うように、子どもをほめて野心を引き出すのも大切です。またアドラーの言うように、子どもには競争をさせて他人よりも勝《まさ》っているという成功体験をさせることも大切です。この両方のやり方が、子どもに自信を持たせることになるのです。どちらかのやり方に偏る必要はありません。

子どもの性格や置かれた状況によって、親御さんは子どもをほめたり、子どもに競争をさせたり、負けて傷ついた時には別の方法で回復させてあげたりと、いろいろな方法を試してください。大切なのは、子どもが持つ自信を常に絶やさないようにすることです。

今思えば、私の母は、このコフートとアドラーの言っている両方を取り入れていたのだと感じます。弟には、コフートが言うようにほめて野心を引き出し、自信を失わせないようにしていました。私には、徹底的に勉強で競争をさせながらも、いじめでつらい目にあったときには劣等コンプレックスに陥らないよう、勉強で見返すように励ましてくれました。母のおかげで私たち兄弟は、自信を失うことなく成人になれたのです。

〈ポイント〉

1．ほめて子どもの野心を引き出し、常に自信を持たせる。

2．子どもに競争をさせて、勝っているという成功体験をさせる。

3．負けて傷ついた時は、他の方法で自信を回復させる。

この三つのポイントが、子どもが自信を持つことのできる精神的な環境の基本であると言えます。

イクメンは必要か

お母さんの話が続きましたので、今度はお父さんの役割について考えてみましょう。最近、イクメンという言葉を聞くようになりました。育児をするメンズという言葉の略語で、積極的に子育てに参加する父親のことを意味します。

お父さんであれお母さんであれ、自分の子どもに対して関心を持つのはあたりまえのことですが、世間で言われているイクメンの父親像は、まるで家庭に母親が二人いるような話になっています。

子どもと一緒にいる時間を増やすとか、仲良く遊ぶとか、たくさんお話しするなどと、主にお母さんの役割がお父さんにも期待されているようです。このようなイクメンには、私はあまり賛同できません。子どもに、二人のお母さんは必要ないからです。

お父さんは一家の大黒柱であり、家計を支えるのが役割です。自分のほとんどの時間を外での仕事に費やします。その上、家に帰ってからも子どもの面倒をみるというのでは、お父さんの体力を消耗させてしまい、結果的に家族を支える力を弱めることにもなりかねません（もちろん、仕事環境や何らかの事情で夫婦の役割を入れ替える必要がある場合は話は別です）。

お休みの日に気分転換をかねて、お父さんと子どもが遊んだりお話ししたりするのは大いに結構なことです。しかし、普段から子どもの世話やしつけや話し相手といった子育て全般をお父さんとお母さんとが同等に担うのは、やめたほうがいいでしょう。お母さんがお父さんと同じようにフルタイムで働いているかたである場合は、前章でも触れたように、おじいちゃんやおばあちゃんの手を借りて、子育てを分担していくのはよい方法だと思います。その場合でも、同じように子育てをするのでなく、ある程度の役割分担は必要でしょう。

すでにご紹介したように、私の母は子育てにとても積極的でした。ところが父は、帰宅するのは深夜があたりまえでしたし、弟を露骨に差別するなど子育てに積極的だったとは言い難い状況でした。しかし、父は長いあいだ会社員をしながら、一家の家計を支えてくれました。父親としての役割を果たしてくれていました。このような家庭環境が、父親、母親、子どもの相互の信頼関係を作るのだと思います。

床の間理論と強い父親像

イクメンは必要ないといっても、お父さんに家庭で果たしてもらいたい役割があります。お父さんが家族の中心にいてみんなを支えているんだぞ、という雰囲気を出してもらいたいのです。これを「床の間理論」といいます。お父さんは黙って床の間に座っているだけでも存在感があり、いざという時にはお父さんが助けてくれるという感覚を持たせてくれるということです。家族がこのようにお父さんのことを思うようになると、その家庭はとてもうまく回っていきます。

お父さんの存在感を強くするには、お母さんの助けも必要です。最近のお母さんは、平気で子どもにお父さんの悪口を言ってしまうことがあるようですが、そうすると子どもはお父さんのことを見下すようになります。多少おおげさになっても、お母さんはお子さんの前ではお父さんはすごいと話す方がいいでしょう。そうなれば、お父さんは黙って家に座っているだけで、大きな存在となります。

これは子どもを教育する上で、とても大切な戦略なのです。お母さんは日々、子どもに口うるさくいろいろなことを注意します。子どもの成長やしつけのためですのでそれはもちろんよいのですが、子どもが大きくなるにつれて、お母さんの言うことを聞かなくなることもあります。毎日毎日聞こえるお母さんの言葉は、子どもの耳に入りにくくなっていくのかもしれません。

そんな時、家の中で大きな存在となっているお父さんに注意してもらいます。また子どもがあまり言うことを聞かなくなったとき、「お父さんに言って叱ってもらいますよ」というお母さんの一言が、子どもにとっては大きな恐怖になるかもしれません。

いずれにしても、家に二人の母親はいりません。小言は言うがいろいろと話を聞いてくれるお母さんと、普段は仕事で一緒にいる時間は少ないけども、いざという時に頼りになるお父さん、この二人がいてくれるから、子どもは安心して自分の生活が送れるのです。

父親は社会の入り口

もう一つお父さんに担ってほしい役割があります。それは、子どもにとって父親は社会への入り口であって、現実の社会について教える存在であるということです。

たとえば、学歴社会はもう終わったという話をマスコミがしたとしても、現実にはいまだに学歴が高い人のほうが就職や出世をしやすいことを、社会に出ている父親はよくわかっています。それを子どもに伝えるだけで、子どもは勉強をしなければという気持ちが高まることでしょう。

私も父親から受けた影響としてはそれがいちばん大きいと思います。前述のように、理論の上では父親の悪口を母親が言ってはいけないことになっていますし、父親の威厳はあったほうがいいということになっています。しかし、私の母は父の稼ぎが悪いことの不満をしょっちゅうこぼしていました。私も決して父を尊敬していませんでした。ただ、ときどき自分の会社の学閥（その会社は慶應閥で有名な会社でした）のために、自分より仕事ができない人が出世していく話をさんざん聞かされました。いい大学を出ていないと将来の出世は望み薄だと、父親を通して肌で感じたのです。私も弟も資格試験を受け、生きていけるようになりましたが、サラリーマンの世界は嫌だということを父から教わった影響が大きいと思います。

もちろん、別の形で父親が社会的知識を示すこともできます。

たとえば家族でテレビを見ていたとしましょう。ニュース番組で交通事故の発生件数を報じていたとします。最近は高齢者による交通事故の件数が増えているとして、アナウンサーやコメンテーターが高齢者の運転は危険だ、運転免許を交付する年齢を制限して高齢者から運転免許を取り上げるべきだ、などといったコメントを発することがよくあります。

しかし、この手のニュースは、少し考えてみると背景はすぐにわかります。高齢者の交通事故が増えたのは、運転免許を持っている人の中で、高齢者の割合が増えたからです。日本は高齢化が進んでいるわけですから、運転免許を持っている人の中で高齢者の比率が増えるのはあたりまえの話で、必然的に高齢者ドライバーによる交通事故の件数は増えていきます。

さらに言うと、高齢者による交通事故の件数は確かに増えているものの、交通事故全体の件数の中で、どの年齢層が最も多くの事故を起こしているのかといえば、運転に未熟である18歳から24歳の若者のほうが、ずっと多いのです（警視庁統計より）。

ちょっとした統計データをチェックするだけで真実は見えてきますが、残念ながらテレビや雑誌の内容をうのみにする人が多く、〝ファクトチェック〟をする人は少ないのが現実です。お父さんには、家族でテレビを観ているときなどに、ぜひこのような現実を教えてあげられる存在になっていただきたいと思います。父親がテレビのコメンテーターの話のまちがいを正せるようなら、その存在感は増すことでしょう。このような家庭環境にいることで、子どもはお父さんのことを尊敬するようになりますし、お父さんやお母さんの言うことを、自信を持って受け入れることができるようになります。

〈ポイント〉

1．家に二人のお母さんはいらない。度の過ぎたイクメンは必要ない。

2．お父さんと過ごす時間は多くはなくても、いざという時に頼りになるようにする。

3．お父さんは世の中のことを知っていて、正しいことを教えてくれると感じさせる。

子どもは勉強が好き

うちの子は勉強をしない、勉強が嫌いで困ってしまうという話をお母さんがたから聞くことがよくあります。断言できますが、それはまちがっています。最初から勉強が嫌いな子どもはいません。

　子どもが生まれてから、1歳、2歳、3歳と成長していき、4歳、5歳、6歳では幼稚園に通います。その後、7歳になる年に小学校で勉強し始めて、やがて小学3年生から4年生あたりで9歳の壁を越える時期を迎えます。もし子どもが現在勉強嫌いで勉強するのがいやだと言っているとしたら、それがいつごろ始まったのか、何がきっかけでそうなったのかを知る必要があります。後の章でもくわしく触れますが、子どもの勉強嫌いには必ず理由がありますので、それをきちんと分析することが大切です。

　そもそも、生まれた瞬間から勉強が嫌いである子どもはいません。勉強というと、何か堅苦しくて、いやなことを無理やりするようなイメージがありますが、勉強とはそもそも、知らなかったことを知ったり理解できるようになることをいいます。

　子どもは新しく何かを覚えることが大好きで、できなかったことができるようになることがうれしくてたまりません。字を覚えるのも、数を覚えるのも子どもにとっては楽しいことです。字を覚えれば話したくなりますし、本を読みたくなり、文章を書きたくなります。数を覚えれば、物の数を数えたくなりますし、数字を足したり引いたりといった計算もしたくなります。子どもは、できることが増えれば増えるほど、さらにできることを増やしたくなって勉強に興味を持つようになります。勉強が嫌いというのは、この好循環が崩れている状態をいうのです。これは、子どもにとって極めてよくない環境です。

勉強は圧倒的に善

勉強ができるようになると、子どもはうれしくなります。勉強は、子どもにとって圧倒的によいことなのです。

ところが、勉強に対して後ろ向きの意見を聞くことがあります。そんなに勉強をさせなくてもいい、子どものうちは伸び伸び育てばいい、健康であれば勉強なんかできなくてもいい、嫌がっていることを無理やりさせるよりも、外で元気に遊んでいればいい、などといった具合です。

しかし子どもが成長し、小学校、中学校と進学していくにつれ、本当に勉強しなかったり成績が振るわなかったりすると、親御さんたちは、うちの子どもは勉強しなくて困る、なんとかして勉強に興味を持つやり方はないものだろうか、という意見を持つようになります。

勉強は子どもの能力を高めていく行為ですが、なぜ勉強をさせなくてもいいと言えるのでしょうか。それは子どもの能力を高めなくてもいいと言っているのと同じことです。子どものうちは伸び伸びと育てばいいというのであれば、なぜ勉強することで子どものできることが増えることに反対するのでしょうか。できることが増えることこそが、伸び伸びと育つことにつながります。

健康であれば勉強なんかできなくてもいいというのであれば、なぜ子どもが体は丈夫だけれど成績が悪くなった時に、勉強しろ勉強しろと言うのでしょうか。

残念ながら多くの親御さんの頭の中は、混乱していて整理がついていません。この状態で子どもに接していると、子どものほうが混乱してしまいます。

まずお母さんの頭の中を整理して、勉強に対する正しい理解をしましょう。ちょっと厳しい言い方になりますが、子どもの将来にとってとても大切なことですので、あえてこう言わせていただきます。

基本的に世の中にダメな子どもはいません。ダメな親がいるだけです。子どもはピュアな状態で生まれてきます。子どもに何を学ばせるか、子どものできることをどうやって探し、増やしてあげるか、これはすべて親の責任なのです。

勉強嫌いになる理由

小さな子どもが勉強を嫌いになる理由は、一つしかありません。勉強がわからないにもかかわらず、周りが無理にさせるからです。できないことをやれと無理強いされて、喜ぶ人間はいません。これは、子どもでも大人でも一緒です。

できないことを無理にさせるのではなく、今できることをしながら、できないことができるようになるまで時間をかけて進んでいくという態度が重要です。

わからないと子どもは勉強が嫌いになりますが、なぜ勉強がわからなくなるかというと、子どもの理解は個人差があるのに、教え方がそれに対応していないからです。教え方を変えてわかるようにしてあげれば、それによってまた喜んで勉強に向かうようになるのです。その子にとってわかるような教え方でないのにもかかわらず、お母さんがいきなり勉強しろと言っても、子どもが喜んで勉強するはずがありません。

子どもの反応は、実に正直です。うれしいことや楽しいことは、喜んでします。その反対に、嫌なことやつらいことは、やりたいとは思いません。勉強を子どもにとってうれしいことや楽しいことにできるか、それとも嫌なことやつらいことにしてしまうかは、お母さんの腕にかかっています。だからこそ、子どもがわからない、勉強が嫌だと言っているときこそ、あれこれ教え方を探らないといけないのです。

〈ポイント〉

1．子どもは、本当は勉強が好き。勉強をどんどんさせて大丈夫。
2．親の考えに矛盾があると子どもは混乱する。まず親が頭を整理する。
3．子どもの勉強嫌いは親の教え方の問題。子どものせいにしない。

お母さんの伴走が子どもの将来をつくる

子どもが幼稚園児や小学生のうちは、子どもの勉強を親御さん（特にお母さん）が見てあげることが必要です。もちろん、単に横にいて見ているだけではダメ。一緒になって問題を解き、一緒になって頭を使い、どうすれば子どもが勉強を好きになるのかを真剣に考えてほしいのです。これはお母さんの伴走。文字通り、子どもと一緒にお母さんも走ってほしい。子どもと一緒に汗をかいてほしいのです。

前章でも触れましたように、子どもはものを覚えるのが得意ですし、ものを覚えるのが楽しくてたまりません。ひらがなや、カタカナ、漢字を、子どもがゲームのようにどんどん暗記していくのを手助けしてあげましょう。お母さんが一緒になって暗記ゲームを楽しむだけで、子どもも楽しみながら字を覚えていくことができます。

これは数字も同じことです。数の数え方を教えて、そのうち足し算や引き算を理解しながら、やがては百ます計算でタイムを計るのもいいでしょう。毎回の百ます計算のタイムを計っておけば、百ます計算を終わらせる速度がどんどん速くなり、子どもにとっては最高に楽しいゲームになっていきますし、記録を残すことがなにより根拠ある自信につながります。

お母さんの伴走で、一つ知っておいていただきたいことがあります。それは、勉強は家でするものであり、先生はお母さんであるということです。幼稚園でも字や数を教えるところはありますし、小学校ではもちろん勉強を教えます。また幼稚園、小学校ともに先生がいます。お母さんとしては、幼稚園なり小学校なりに子どもが通っていればそれで安心し、家ではすべての時間を子どもが好きに過ごしていいと思っているかもしれません。しかし、その考え方には注意が必要です。

幼稚園や小学校に通っているあいだは、家に帰ってから子どもの勉強のはかどり具合をお母さんがチェックする必要があります。そして、前の章でも言いましたが、家では先取り学習として、幼稚園や小学校でやる前の内容を先んじて勉強しておいてほしいのです。そうすれば、幼稚園や小学校で勉強する際に、子どもはすでに知っている内容ですから余裕を持って勉強することができますし、根拠のある自信となって子どものやる気をさらに引き出します。

9歳の壁を越えて、小学校4年生くらいになると徐々に勉強の内容は難しくなりますし、小学5年、6年ともなりますと、相当高度になります。また私立の中高一貫校を受験するのであれば、小学校の教科書に出ている内容だけではなく、受験用の勉強も必要になります。だんだん勉強の内容は難しくなっていきますが、子どもが小学校を卒業するまでは、伴走を続けてほしいと思います。

子どもが常に家で勉強するという習慣をつけるためにも、お母さんには、幼稚園、小学校のあいだは子どもに十分な時間を使ってほしいと思います。

中学に入るとさすがに勉強は難しくなります。しかし、中学生になれば、多くの子どもには勉強する習慣がついていますし、中学校には教科ごとの専門の先生もいらっしゃいます。現に私も中高一貫の灘校に入学してからは、灘校のカリキュラムを利用しながら、同級生や先輩から勉強の仕方やよい参考書などの情報を得て勉強し、そのまま東大合格までの軌道に乗ることができました。

このような話をすると、9歳の壁前の暗記ゲームくらいまでであれば教えることができるかもしれないが、それ以降になると、自分には教える自信も実力もないと言うお母さんが必ずいます。でも、心配は無用です。お母さんは、教材に書いてある答えや、答えを導き出すまでの解き方を、事前に見てしまってもまったく構いません。あくまで子どもに勉強を教えることが目的ですから、答えを知った上で、どういう風に教えればわかりやすくなるかを考えればいいのです。

幼稚園、小学校低学年、中学年、高学年と合計9年ものあいだ、お母さんが子どもの勉強を見てあげれば、子どもはお母さんにほめられたい、お母さんを喜ばせたいという気持ちで、どんどん勉強熱心になっていきます。

〈ポイント〉

1．勉強は家でするものであり、お母さんが先生。

2．お母さんは、教材の答えを見ても構わない。

3．少なくとも、中学に上がるまではお母さんが伴走してあげる。

この環境が家庭にあるのとないのとでは、子どもの将来に大きな差が生まれます。

自己をコントロールする意志力

子どもは字や数を覚えるのがうれしく、お母さんの伴走によって楽しみながら勉強することができると書きました。しかしそうは言っても、幼少期の子どもが一定の時間、一つのことに意識を集中させるのは困難である場合もあります。子どもによってはすぐに集中力が途切れてしまい、注意散漫になることもあるでしょう。お母さんは、子どもの勉強に伴走しながらも、子どもの意志力を高めていかなくてはなりません。子どもが自分自身をコントロールする力を、お母さんがつけてあげましょう。

子どもの意志力を試すものとして、マシュマロテストというものがあります。マシュマロテストは、心理学で用いられている手法の一つ。3歳や4歳くらいの子どもを部屋に一人にし、その子どもの忍耐力を見るというものです。

まず部屋に係の先生がいて、子どもの近くにマシュマロを1個置きます。そして、先生は今から出ていくけど、先生が帰ってくるまでにマシュマロを食べずに待っていたら、マシュマロを2個あげるよ、もし我慢できずに食べたくなったらマシュマロは食べてもいいけど、そのときは食べた1個しかあげないよと言って、子どもを一人にします。

実際には、マシュマロを食べてしまう子、先生が帰ってくるまで待っている子、その両方がいるのですが、この心理学テストでは興味深い実験結果が出ています。

先生が帰ってくるまでマシュマロを食べずに待っていた子どもは自制心が強く、学力も伸び（アメリカ版のセンター試験といえるSATというテストで800点満点で平均210点も高かったとのことです）、卒業後の社会的成功度も高かった。幼児期のIQの成績より、このマシュマロテストのほうがのちの学力に影響を及ぼすと結論付けられたのです。

もちろんこれは一つの心理テストであるので、マシュマロを食べてしまった子どもの、その後の人生が絶対に失敗するということを表しているのではありません。しかし、確かに傾向としては、自分をコントロールする忍耐力をつけた子どもが、その後の勉強でもよい成果をあげているというのは、理解しやすいことではないかと思います。

我慢をすればいいことがあると教える

幼少期の子どもに、意志力をつけなさい、自分をコントロールできるようになりなさいと言っても、それは難しいでしょう。子どもは、そこまで聞き分けのよい存在ではありません。やはり子どもには、しつけとして〝アメとムチ〟方式を使い分けることも必要です。

さきほどのマシュマロテストの話でもわかるように、何かを我慢すれば、その分あとでいいことがあるということを教える必要があります。これを教えることによって、子どもは我慢することを覚えます。そして我慢をして自分のするべきことをすれば、あとでもっと大きないいことが得られることを学び、それが刺激となって勉強に対する意欲は高まります。子どもに我慢だけを強いても、あまり効果はありません。

たとえば、「この漢字ドリルをお母さんと一緒に、今日の分2ページやったらドーナツを食べようね」とか、「算数ドリルを30分お母さんと一緒に解いたら、好きなテレビ番組を見てもいいよ」など、〝アメとムチ〟の組み合わせはいくらでもあると思います。

子どもには、根拠のある自信をつけさせることが大切であると先に言いました。そのためには子どもに成功体験をさせることが必要だとも説明しました。それは正しいことですが、あまりに正攻法だけでやってしまうと、子どもがついてこなくなることもあります。我慢だけさせても、よい効果が得られるとは限りません。

この点に私が気付いたのは、『受験は要領』という本で、数学は解き方を暗記すればいいのだという方法を世の中に広めたことがきっかけでした。暗記すればいいという方法は、数学が苦手な受験生を奮起させました。

自分は数学が苦手で勉強が嫌だったけど、暗記すればいいなら簡単だ、といった意見が多く寄せられました。実際にこの方法は、東大受験の数学に対する心理的なハードルを下げたと思います。暗記作業という我慢さえできれば、あとで東大なり名門大学合格といういいことが得られると受験生は知ったからです。

ところが、多くの教育関係者からは批判めいた意見が寄せられました。数学は論理的に思考して解法を導き出すものであるのに、それを暗記すればいいとは何ごとだ、といった内容です。しかし、私はまちがったことをしているとはまったく思っていません。ゴールは、子どもに成功体験をさせて自信をつけさせることです。だから、勉強するほどいい点を取れるような方法を指導していかないといけません。根性主義の要領の悪い勉強では、がんばっている割にいい点が取れないため、くじけてしまうことが多いのです（残念ながら暗記数学についても合わない子が一定数いて、成績が上がらないため挫折することも少なくないという体験をしました。それでその後の著書で修正版の暗記数学術を提起しました）。

〝ごほうび〟を報酬にして勉強させるのはよくない、とよくわからない正論をふりかざす人もいます。しかし、なぜよくないのか、その理屈は不明です。小さい子どもが我慢のあとにうれしいことが待っているということを学ぶのに、問題があるとは思えません。大人でさえそう思いながら困難に立ち向かうのです。

〈ポイント〉
1．マシュマロテストのように、我慢すればそのあとうれしいことがあると教える。
2．〝アメとムチ〟方式で、子どもの勉強のやる気をさらに引き出す。
3．お母さんは、強い意志力と忍耐力をつけた子どもが成功しやすいと知る。

まず方法を教える、そしてやらせる

お母さんが伴走して勉強を見てあげる。子どもに自分をコントロールする意志力をつけてあげる。この二つはとても大切な役割ですが、それに加えてもう一つ、以下のことを知っていただきたいと思います。

それは、まず方法を教える、それから実際にやらせるという段取りです。たとえば、スポーツをするときに、私たちは最初に方法を習います。たとえば野球を例にとると、自己流の投げ方や打ち方で練習してもうまくいかないことがほとんどです。うまくいくような投げ方、打ち方、フォームなどをコーチがついて教えてあげて、その通りに練習するから成果が出るのです。

勉強も同じことで、勉強というのも、いい方法、その子に合ったやり方でないと、勉強をしている割に成績が伸びないということもよくあります。多くの子どもが勉強をしている割にできないというのは、頭が悪いからでなく、方法がまちがっているからなのです。

だからこそ、子どもにまず方法を教えて、そして実際に勉強させるという順番が欠かせません。お母さんと子どもが毎日漢字ドリルを一緒にするという伴走に加えて、子どもの勉強の仕方が果たして正しいのかというチェックも、お母さんにしてほしいのです。

たとえば、教科書やその他の教材を読んでも、読みっぱなしで終わってはいないか、復習を必ずしているかどうかです。復習をしなければ、勉強したことは頭に残りません。また、ノートの取り方はどうでしょうか。乱雑でデタラメに書いていると、なかなか記憶に残りません。最近の脳科学の知見によると、暗記する力が高まるのは夜なのですが、そのような時間の使い方になっているでしょうか。夕方勉強して夜はテレビを観て、遊びっぱなしで寝るような生活になっていないかを見直す必要があります。具体的な問題の解き方を一緒に考えるというお母さんの伴走に加え、勉強の仕方が正しいかどうかも見てあげてください。

もちろん、このような脳科学の知見も含め、勉強の仕方を親がわかっていないことは珍しくありません。東大卒の両親の子どもが東大に入りやすいのは、遺伝のせいではなく、親が勉強の仕方を理解しているからだと考えます。前述の佐藤亮子さんもかなりの量の勉強法に関する書籍を読んでいたため、子どもが高校に入ってから学習内容そのものを教えられなくても、勉強法を子どもに指導したそうです。この姿勢はぜひ見習いたいものです。

子どもの「わからない」は重要なメッセージ

伴走をしていて、子どもがわからないと言ったら、それはとても重要なメッセージだと思ってください。わからないというのは、子どもが今までの学習内容のどこかでつまずいてしまっている証拠なのです。それを知らせるメッセージが、「わからない」という言葉です。

子どもがわからないと言ったときに、お母さんに絶対にしてほしくないことが二つあります。

一つは、「なんでこんな簡単なこともわからないの」と子どもを責めることです。わからないと言っている子どもに向かって、どうしてわからないのと言っても、何の意味もありません。子どもは、わからないから、わからないと言っているのです。ここでお母さんが子どもを責めてしまうと、それ以降、子どもはわからないと言わなくなってしまう可能性があります。そうなると、子どもの中でわからないことが増える一方になります。むしろ、わからないと正直に言った子どもをほめてやってください。「どこでわからなくなったのか、一緒に探していこうね」という気持ちで、伴走を続けてください。

お母さんにしてほしくないことの二つ目は、子どもがわからないと言ったときに、答えるまでの時間をあけないでほしいということです。子どもがわからないと言ったことを、お母さんの都合で放置してしまうと、子どもはわからなかったこと自体を忘れてしまいます。どこがわからないのかというせっかくの大切なメッセージが、消えてなくなってしまうのです。

すでに触れたように、この時期の子どもが勉強嫌いになるのには理由があります。それは勉強がわからないのにもかかわらず、無理やり勉強させられるからです。そして重要なことは、子どもが正直にわからないと言うことを見過ごしてしまっていたら、それは周囲の大人の責任です。必ず「どこが」わからないのか、そして、「どこで」わからなくなったのかという二つの視点で、原因を探っていってください。決してわからないことをわからないままにしないでください。

〈ポイント〉

1．正しい勉強の仕方になっているかチェックする。必ず復習をさせる。

2．子どもがわからないと言ったとき、絶対に責めない。

3．わからないと言われたら、時間をあけず、すぐ原因をつきとめる。

居間や台所が大切、子ども部屋では勉強しない

さて、この章では「自信のある子」と「自信のない子」のいる環境の差を、精神面から考えてきました。ここからは物理的な環境を考えてみたいと思います。

まず子どもはどこで勉強するのがいいでしょうか。意外かもしれませんが、私のおスス

メは居間（リビング）です。居間と呼べるスペースがなければ、ダイニングテーブルでもいいと思います。ポイントは、子どもは家族が集まるところで勉強をしたほうがいいということなのです。勉強を見てくれるお母さんは、子どもの近くにいることが必要ですし、家族がいるところで勉強すれば子どもは安心します。また子どもは、自分が達成したことを誰かに見せたいという欲求を持っているので、勉強の成果を家族に見せることによってさらに勉強への意欲が高まるかもしれません。

お勧めしないのは、子ども部屋に子どもがこもることです。子どもは、子ども部屋ではなかなか勉強に集中しません。マンガを読んだりゲームをしたり、ぼーっとしたりする時間が長くなります。これは子どもが大きくなっても同じことで、たとえば東大に合格する受験生の多くは、自宅の居間を勉強スペースに使っています。もちろん、その場合、居間に勉強の妨げになるような過剰な騒音などがないことが条件です。また、落ちついて勉強がはかどるよう、居間の勉強スペースをいつもスッキリさせておくことも大切です。

子ども部屋があるのが悪いということではありません。子どもにもプライベートな時間は必要でしょうし、一人になりたいこともあるでしょう。子ども部屋は勉強の場というより睡眠をとる場所であり、子どものプライベートな時間を過ごす場所と考えるほうがいいように思います。

〈ポイント〉

1. 条件が許せば、勉強する環境は居間がよい。

2. 家族がいる環境で勉強すれば、子どもも落ちつく。

3. 居間は子どもが集中できるように、いつもスッキリとさせておく。

集中できる居間づくり

居間で子どもが勉強しているときに、テレビをつけるのはやめましょう。のちの章でもご紹介しますが、子どもの勉強は習慣づけが大切で、そのためには勉強する時間帯を固定するのが原則です。子どもが勉強している時間帯に、ほかの家族がテレビでお笑い番組を観ているようでは子どもの気も散りますし、第一、勉強することの重要性が子どもに伝わりません。

一家の大黒柱であるお父さんにしても、これは同じです。お父さんは仕事から帰ってきて疲れています。寝ころがってビールでも飲みながら、テレビでプロ野球観戦したいところかもしれません。しかし、ここはお父さんにも我慢していただきたいと思います。大きくて頼りになる存在であるお父さんに居間でそれをやられてしまうと、権威がなくなるだけでなく、子どもも勉強のやる気が出ません。お父さんも、居間で子どもが勉強しているあいだは、一緒になって本を読んだり新聞に目を通したりしてほしいと思います。その姿を見せることが、子どもへの信頼感になります。

私の知り合いのお父さんの話ですが、彼は家庭の事情で大学進学を断念し、高卒で社会に出ました。そのかわり、子どもを名門大学に進学させたかったといいます。お父さんは子どもが小学生のころから居間で勉強させ、自分は読書をしていたそうです。小学校低学年から大学受験を迎える年齢になるまでその生活は続き、子どもは京大医学部に合格しました。そして、同時にお父さん自身がとても知識豊富になり、職場でも物知りな人物として一目置かれるようになったそうです。勉強は一生できるものなのです。

〈ポイント〉

1．子どもが勉強している時は、家族そろって子どもが集中できる環境を作る。

2．子どもが勉強しているあいだは、テレビやＤＶＤを観ない。

3．仕事帰りのお父さんも、居間で子どもと一緒に本や新聞を読もう。

三章

幼児教育〝神話〟のまちがい

勉強は世界の常識

近年、日本の子どもの学力が低下しているとの新聞記事を目にした親御さんも多いと思います。日本の子どもの学力が低下するのは、あたりまえの話。なぜなら勉強量が少ないからです。長年実施されたゆとり教育の影響で、日本の子どもの一日の勉強時間は昔よりかなり少なくなりました。ゆとり教育自体はすでに見直されていますが、一度社会に根付いてしまった、子どもをゆったりと育てようという気風は、なかなか改善されるものではありません。アジア圏で見ても、日本はその学力だけでなく、勉強時間の量さえも、東アジアの他の国に相当差をつけられている状況です。

勉強しないと将来食べていけなくなる、これは世界の常識です。現在は先進諸国だけでなくアジアの開発途上国でさえも、ものすごい勢いで世界の市場に追いつこうとしています。その影響もあり、たとえばフィリピンやマレーシア、インドネシアといったＡＳＥＡＮ諸国の子どもは、幼稚園や小学校低学年のうちから英語を勉強して、成人になるころにはとても流暢な英語を話すようになります。彼らの多くは国際競争力をつけて自国を飛び出し、世界の一流企業で大活躍しています。

子どもはのびのび育てばいい、健康であればそれでいい、勉強なんてできなくてもやさしい子になればいい、などと親が本気で言っているのは昨今おそらく日本だけでしょう。

情操教育とは

私は今まで多くの受験指導や子育てに関する本を出版してきました。その度、読者から必ずと言っていいほど寄せられてくる意見は、特に小さな子どもには勉強よりも情操教育のほうが大切なのではないか、というものです。この本を読んでくださっているかたにも同じような意見をお持ちのかたがいらっしゃるかもしれません。

では、ここで皆さんに質問です。情操教育とは、具体的にはどういうことを言いますか。情操教育とは何か具体的に説明ができますか。

ここで辞典を引いてみましょう。大辞泉によれば、情操とは、「美しいもの、すぐれたものに接して感動する、情感豊かな心。道徳的・芸術的・宗教的など、社会的な価値をもった複雑な感情」、そして情操教育とは、その「情操の豊かで健全な育成を目的とする教育」とあります。

この説明は少し難しいものになっていますが、私なりに解釈すると、情操教育とは、「成長し社会に出てから自分で何かを表現・実現するために、今のうちから能力を引き出す準備をすること」だと言えます。すなわち、勉強と一緒。勉強も、子どもが将来自分で何かを表現したり創りだしたりするために、今のうちから子どもの脳を鍛えて準備することにほかなりません。

私は、子どもが将来活躍することができるように、国語・算数・英語を中心に幼児教育を実践する本を出しています。本書もしかり。しかし、このような活動は否定されて、単に情操教育というあいまいな言葉のもと、漫然と歌を歌ったり、お遊戯をしたり、絵を描いたりすることだけが大切だと、なぜ多くの親御さんが思うのかが不思議でなりません。

子どもにとっては、歌や絵や楽器は楽しいかもしれませんが、字や数を覚えることも大切です。そして将来どちらが本当に子どものためになるかと言えば、つまり、将来どちらが本当に子どもの仕事などに影響する可能性が高いかと言えば、歌やお遊戯といった情操教育ではなく、勉強のほうだと思います。わかりやすく言うと、いかに絵や音楽ができても、言葉による表現力がなければ、その世界での成功はやはり困難になります。もちろん数百万人に一人というレベルで、スポーツの天才、音楽の天才は存在しますし、そういう子どもの才能を幼いうちに見つけるのは大切なことですが、それは残念ながら、本当にごくごくわずかな確率です。

東大卒の小椋佳さんを見ていても、優れた音楽性だけでなく、言葉の美しさが人々をひきつけ、今でも現役でいられる源泉となっていることはまちがいありません。もう一つ小椋さんから学びたいことは、受験勉強をすることが感受性や表現力にさらにプラスになることはあっても、マイナスになるものではないということです。情操の能力というものは知力と両立するものですし、むしろ知力の存在がサポートするものなのです。

リスクヘッジ

前述のように、子どもにどんな才能が眠っているのかはわかりませんから、いろいろな可能性を試すのも大切なことだと思います。

たとえば、もしイチロー選手のお父さんがゴルフ好きでイチロー少年にゴルフだけをさせていたら、天才野球選手・イチローは誕生しなかったでしょう。またゴルフの石川遼選手のお父さんが野球好きで遼少年に野球をさせていたら、今の石川遼選手は誕生しなかったかもしれません。つまり天才が天才として開花するには、彼らの〝天才の領域〟を発見することが必要です。

子どもの才能を見つけてあげるためには、ある程度、いろいろなことを試さないと見えてこないことは確かです。その意味で、情操教育と呼ばれる歌や楽器や絵をやるのもいいですし、いろいろなスポーツに挑戦するのもいいと思います。子どもがやりたいと言っていることを取り上げる必要はありません。それで子どもが持つ天才領域が発見できて、その子が大きな才能を発揮できるようになったなら、こんなにすばらしいことはありません。ただし、仮に好きなことが見つかったとしても、その子どもの才能がイチロー選手や石川遼選手のようなレベルまで伸びるという保証はどこにもありません。

つまり皆さんが考える情操教育とは別に、小さいときから勉強に力を入れておくというのは、子どもの将来のリスクヘッジにもなるわけです。

東京芸大を卒業された作曲家の三枝成彰さんは、東京芸大は一番で卒業する以外には価値はないとおっしゃっています。首席で卒業すれば著名な交響楽団の専任楽団員として就職できますし、作曲家として身を立てることもできますが、それ以外の大多数の卒業生は、プロの音楽家としては生活できず、別の仕事についていると聞きます。

たまたま私が灘校にいたとき、プロの将棋棋士である谷川浩司さんのお兄さんが灘校将棋部の主将でした。これは、そのときに将棋部の人から直接聞いた話です。浩司は賢いから将棋で食っていけるが、お前はアホだから受験勉強でもしておけとお父さんに言われ、お兄さんは灘校に入ったということでした。そのお兄さんは東大に進学し、東大将棋部のキャプテンとしてアマチュア日本一にまでなるのですが、でもやっぱりプロとしては食べてはいけませんでした。それくらい、一つの道で食べていくのは大変だということです。

かつて東大の野球部からプロ野球チームのロッテに入団した選手がいました。小林至さんという方です。彼は東大経済学部を卒業してドラフト8位で千葉ロッテに入団しました。残念ながら選手として目立った活躍はなく早々に引退しましたが、その後の人生がおもしろいのです。小林さんはプロ野球選手を引退後、アメリカのコロンビア大学大学院でMBAを取得します。そしてアメリカのテレビ局でスポーツの通訳や解説者として活躍後、日本に帰国してからは大学教授に就任しながら福岡ソフトバンクホークスの経営に携わり、その黄金時代を支えました。現在はスポーツ経営学を教えながらホークスのアドバイザーの仕事をしています。

この小林さんの件は、たとえ一つの道で食べていくことができなかったとしても、勉強をしておけばほかに進める道があることを教えてくれます。

プロ野球選手になれるのは年間100人以下

たとえば夏の高校野球の甲子園に出場できるのは基本的に1県に1校で、全部で49校（東京都と北海道は2校）。一チームのレギュラー選手は9人ですので、出場選手は全部で441人います。春夏合わせると代打などを含めて甲子園に出場できる選手は1000人程度でしょう。さらに、そこに大学で活躍した選手や社会人チームに入って活躍した人も含めると、「1年間に野球のうまい日本人でプロ野球に就職できそうな人材数」は相当な数（それでも東大に入学する人の数より少ないのですが）に上るはずです。

その中からプロ野球チームのスカウトの目にとまり、ドラフト会議を経て実際にプロとして入団する選手は年間100人もいません。さらにそこから順調に選手として頭角を現し、試合に出場できる人数と言えば一年で10人程度しか輩出されないでしょう。プロ野球選手として生きていくのは、本当に大変なことだと思います。

一方、日本には医学部を持つ大学が全部で82校あります。それらの入学定員を合計すると、年間に9000人以上の人数になります。世間では医者になるのは難しいと思われているかもしれませんが、単純に医学部を卒業する学生の数だけでいえば、実際のハードルは決して高くはありません。

また、東大、京大、阪大、東北大、九大といったいわゆる旧帝大の文系理系全部の定員を合計すると、年間で2万人にもなります。難関と言われている旧帝大であっても、このくらいの人数が合格しているわけです。

日本には一芸に秀でていることが美徳であるとする風潮が強いように感じます。もしかしたら情操教育を重んじるのも、そのようなことが背景にあるのかもしれません。しかし〝一芸〟で食べていくのは相当に困難なことですし、その道で挫折したときのダメージは大きいと思います。

好きなことをやっていけばいい?

子どもに将来どんな人生を送ってほしいですか? と聞くと、多くの親御さんは子どもの好きなことをやっていってもらえばいいと答えます。確かに子どもが将来好きなことをやっていければ、それは幸せなことだと思います。しかし好きなことをやっているのと、好きなことをやって食べていけるのとでは、大きな違いがあります。好きなことを自分の趣味にして生きるのは楽しいですが、好きなことを職業にして食べていけるようになるには、相当な努力と苦労が必要です。

子どもには自分の好きなことを見つけてほしいし、ぜひそれをしながら楽しく人生を過ごしてほしいと思いますが、その一方で、好きなことで食べていくことができない可能性もあるわけですから、前にも触れたように、勉強という形でリスクを軽減しておく必要があると思うのです。

なぜこのように考えるのかと言えば、私自身が好きなことをするためにリスクヘッジしておいたおかげで、今ずいぶん助かっているからなのです。私は高校2年生になったときにある映画を観たことがきっかけで、本気で将来映画監督になろうと決めました。高校生のころには、どうすれば映画監督になれるだろうかと具体的な戦略を立てるようになりました。実はこれが、私が医者を目指すきっかけになったのです。

映画監督になるには、映画会社に入社して助監督になって経験を積みながら監督としてデビューする必要があります。しかし、これはとても狭き門。まず映画会社に入社するのも困難ですし、たとえ会社に入ることができたとしても、助監督から監督に昇進できないこともあります。実は、私は本気でそのコースを狙っていたのですが、不幸なことに自分が映画監督を志した高校2年生のとき、社員の助監督を採用していた日活という映画会社がそのシステムをやめると公表しました。そこで私は、別の戦略を練りました。それが医学部受験でした。医学部を卒業して医者になり、自身のクリニックを持つようになれば、時間の自由はきくだろうし、経済的にもある程度自由になるだろうと考えました。医師を目指すのに何と志が低い、と怒られそうですが、正直に言って、そんな身勝手な考えがきっかけでした。時間の割り振りを自由にしてお金を自分で用意すれば、映画監督として映画を撮ることができると思ったのです。

このように考えてから目標を文系から医学部に変え、さらに東京に出たほうが映画関係者と知り合えるチャンスが多いだろうと考えて、目標を東大理Ⅲ合格に設定し、灘校で猛勉強しました。確かに受験勉強は一生懸命しましたが、受験は、映画監督という本当にやりたいことを実現するための手段であると思っていましたので、比較的安定した状態で、受験を迎えることができました。高校3年生のときには、時間を作る能力やスケジュール管理術も高まっていたので、勉強しながら年間300本もの映画を観ることができました。

今では、おかげさまで医者をしながら映画監督の仕事もやっています。時間とお金を自分で確保し、好きな時に好きな映画を撮るようにしています。もしこれが食べていくための職業監督になって、毎日のように朝早くから夜遅くまで撮影所にいるような生活であったら、私は映画が嫌いになっていたかもしれません。また、職業として次々に映画を作り続けているうち次第に仕事が来なくなって、監督という仕事そのものが続けられなくなっていた可能性も大です。

医者になるというリスクヘッジをしておいたおかげで、自分の好きな人生を送ることができているのです。食べていくために映画を撮っているわけでないので、誰の注文でもなく好きなものが撮れることや、何歳になっても撮影が続けられるというメリットをこの年になって体験しています。

これを考えると、あまりにたくさんのことを子どもにさせるのは得策ではありません。勉強ともう一つの何か、のみに集中させる。たとえば、ピアノにバレエにテニスなど複数のことを同時にさせると子どもが心身共に疲れるだけでなく、どれも集中できず中途半端になりがちです。

これも幼児教育の神話なのかもしれませんが、子どもの可能性を開くためにいろいろなことに挑戦させましょうという話をよく聞きます。しかしそれは、いろいろなことを同時にやらせて集中力や時間を分散させるという意味ではありません。一つひとつ順番に真剣にやらせてこそ、そのことに才能が発揮できるか否かがわかるのです。「たくさん試す」は「同時にいろいろ」ではありません。一つひとつ試してよく見てみる。そういうことなのです。ここは、決してまちがえないでください。

〈ポイント〉

1．勉強は子どもの将来のリスクヘッジになる。

2．好きなことをするのはいいが、それで食べていくのは大変だと知っておく。

3．子どものパワーを分散させない。勉強とプラス好きなこと一つに限る。

勉強と好きなことで手綱をとる

勉強プラスαという形を守りながら、子どもが好きなことをやっていると、お母さんはそれをうまく活用することができます。たとえば、子どもが幼稚園児で、日ごろお母さんと算数の先取り学習をしているとします。そしてその子はお絵描きが好きだとします。この場合、お母さんは、足し算の勉強とお絵描きの両方を使いながら、子どものやる気を引き出します。足し算のドリルのこのページが終わったら、今度はお母さんと一緒にお絵描きをやろうね、とか、昨日よりも足し算を計算するスピードが速くなったからお絵描きを少し長めにやってもいいよ、という具合です。

反対に子どもがお絵描きとは別な何かに興味を示した場合は、お母さんは子どもと〝交渉〟することもできます。子どもがお絵描きをやり、さらにDVDも観たいと言った場合は、好きなことは一個までだよ、もしDVDを観たいなら今日はお絵描きができないよ、と言って聞かせます。あくまで勉強プラス一個ということを子どもに教えていきます。さらに勉強がおろそかになったり、子どもの注意が散漫になったりした場合には、好きなものをしばらくおあずけにするという方法もあります。勉強プラスお絵描きの子どもであれば、お絵描きを一緒にすることをしばらくお休みにするのです。

こうすることによって、子どもは自分がしなくてはいけないことをやって、初めて自分の好きなこともできるのだということを学びます。先に触れたマシュマロテストで我慢する心を育てるのと同じようなことです。

このような勉強プラスαは、子どもが少し大きくなってからでも有効です。たとえば子どもが高校生になり、勉強、部活、恋愛、テレビ、と複数のことに興味を持ったとします。勉強プラス一個がルールですから、勉強プラス野球がよければそうすればいいですし、どうしても恋愛がしたければ、勉強プラス一個ですから、野球をやめろと言うこともできます。また勉強プラス野球の生活をしていて勉強の成績がふるわない場合には、好きな野球をやめさせるぞと言って、勉強への意欲を高めることもできます。

少々厳しいようですが、何でもかんでも自由にやらせるのが、親の愛情ではありません。究極的には、子どもの将来の人生を幸せにするためにできることをするというのが目的ですから、たとえ一時子どもに恨まれても、勉強プラス好きなこと一個というルールで、子どものやる気と才能の両方を引き出してあげるのが親の仕事であり、責任であると信じています。

ものでつ釣るのは労働の対価

マシュマロテストのところで、子どもが我慢できたらマシュマロをもう一個あげるという話をしました。また、勉強プラス好きなこと一個の話でも、子どもと取引することが子どもの勉強への意欲を高めるのだという説明もしました。このような話をすると親御さんからよく出てくる意見は、子どもをモノで釣るようなことをしていいのか、というものです。

結論から言えば、何の問題もありません。

ものでつ釣るという言い方をするとイヤなイメージになりますが、要するにこれは、「労働の対価」という社会での考え方を子どもに教えることになるのです。

たとえば、新しいゲームのソフト（私自身はゲームそのものが危険だと思っているのでなるべく避けたい取引ですが、子どもにとっては魅力が大きく、強く欲しがる可能性があるので取引の材料には使えます）が欲しいと言ったとします。それをそのまま無条件で買ってあげるのか、それとも、国語の漢字ドリルを最後までやって全部の字が書けるようになったら買ってあげるのかといったら、子どもに対するよい影響につながるのは、圧倒的に後者だと考えています。

勉強という我慢だけを子どもに強いてもダメで、かといって、無条件で子どもの言うことを聞いてあげるのもよくありません。我慢をすることで喜びが得られるという労働の対価という仕組みを、子どもには早いうちから教えたほうがいいと思います。もちろん、勉強そのものが楽しいというのが理想ですが、つまらない勉強があるのも確かなことなので、そういう場合には、このやり方が有効なのです。

そんなことをしたら、ものを与えないと何もしない子どもになってしまうのでは、という人もいますが、では、がんばった分の対価も与えないで、子どもがいきなり自発的な人間になりますか？　と聞きたくなります。もちろん、そうはなりません。実際、子どもの自発性に期待しすぎたアメリカの教育改革では、高校生になってもまともに読み書きができない子どもが2割もできてしまいました。そこで現在の教育心理学者たちは、最初は〝アメとムチ〟方式で勉強をさせ、そのうちに勉強をおもしろく感じさせることが理想だという風に主張を変えています。
子どもには何かの試練を与え、それを乗り越えさせることが必要なのです。そしてきちんと達成したときには、その対価をきちんと与えてあげましょう。こうして子どもは社会のルールを学んでいきます。何かが欲しければ何かを我慢し、努力して結果を出さなければならないという世の中の基本を学んでいくのです。

〈ポイント〉
1．勉強プラスαで、子どものやる気を引き出す。
2．勉強プラスαで、子どものわがままを正す。
3．もので釣るのは労働の対価、社会のルールの学習だと考える。

詰め込み型の教育は問題なし

情操教育と並んで、幼児教育に関して神話化しているものがもう一つあります。それは、詰め込み教育は危険だという考え方です。小さいうちから勉強ばかりさせて、どんどん知識を頭の中に詰め込んでいくのは危険であり、子どもの性格を歪めてしまうという意見がまことしやかに語られています。確かに前述のように、嫌がっているもの、あるいは自分のキャパシティを超えたものを無理に詰め込むのは問題です。しかし、精神科医として断言できますが、知識を詰め込んでいくこと自体に、精神的な悪影響はまったくありません。

前の章でも触れましたように、幼少期の子どもは記憶することが得意です。そして記憶することで、自分のできることが日に日に増えていくのがうれしくてたまりません。自分にできることが広がっていくことが、子どもの大きな自信になります。

国語を勉強すれば、ひらがな、カタカナ、漢字を覚え、賢く難しい言葉を使って話をすることができるようになり、誰かに手紙を書くこともできるようになります。算数を勉強すれば、数を数えられるようになり、足し算、引き算ができるようになり、時計もわかるようになって、かつ百ます計算をすれば計算の速度も日々速くなっていきます。小学校に上がる前に九九を丸暗記することもできます。これらの実績の積み重ねが、子どもとお母さんの「根拠ある自信」になります。

小学校に上がる前に、相当の根拠ある自信を積み重ねていれば、たとえ何月生まれであろうとも、小学校では最初からできる子になれるので、子どもは大きな自信とともに学校に通うことができるようになります。小学2年生もしくは3年生までの内容を先取り学習していれば、学校の勉強でわからないことはありません。

特に国語に力を注いでおけば論理的な思考力が磨かれて、9歳の壁を越えやすくなる可能性も高まります。小学3年生で9歳の壁を越えたら、さらに家で先取り学習を続け、抽象的・論理的な思考力を強めていけます。中高一貫校に進学するなら、小学4年生あたりで中学受験塾に入る際に、落ちこぼれにならなくて済むというストーリーも描けます。

このような話のどこがキケンなのでしょうか。子どものことを真剣に考える親御さんには、世間に広まっているあいまいな意見や幼児教育にまつわる〝神話〟が本当に正しいのかどうか、考えてみていただきたいと思います。

この〝神話〟の流れで出てくるのが、勉強ばかりしていると子どもの性格が歪んでいってしまうという意見です。これも慎重に考えたほうがいいと思います。なぜならば、このような意見を鵜のみにしてしまうと、お母さん自身が、子どもに勉強させることが悪いことのように思えてきてしまい、自信が持てなくなるからです。

幼稚園児のときからお母さんと一緒に先取り学習をした子どもは、小学校の入学時には、すでにできるという自信を持っています。自分は頭がよくて勉強はできると思っていますので、それが周囲から見れば、うぬぼれに映ることがあるかもしれません。また勉強をして人に勝ちたいという欲求を持ちますので、勉強ができない人間をバカにしたり、悪口を言ったりすることも少しはあるかもしれません。

しかし、これは幼少期の子どもの特性であり、勉強のせいだけではありません。6歳までの子どもはわがままのかたまりみたいなもので、ほぼ自分のことしか考えません。子どもは未成熟な存在であり、これはあたりまえのことなのです。またアドラーも言うように、人間は優越性を求める生き物なので、自分ができると思いたいし、その確認のために人よりできるとアピールするのも自然なことなのです。

お母さんに知っておいていただきたいのは、幼少期の子どもはまだまだ未成熟であり、大人からすればわがままで性格の悪いところも見られるということです。しかし、それは子どもが先取り学習しているせいではありません。勉強している子どもにも、勉強していない子どもにも、全般に広く現れる現象なのです。

やがて子どもは、10歳くらいのころから社会性・人間性を身につけていきます。人に言っていいことと悪いことの区別が徐々につくようになり、人の立場になってものを考えられるようになっていきます。勉強させると子どもは性格が悪くなるのだなどと、短絡的にとらえないでください。現在の精神分析の考え方では、人にほめられた体験が多い子のほうが性格は安定するし、人の気持ちもわかる人間になるとさえ言われているのですから、できる子にしておいて、ほめられる体験を重ねるほうが自信を持てるだけでなく、性格もよくなるとさえ言ってよいのです。

ただしそうは言っても、お母さんにとっては子どもの言動は気になるものです。特に、他の子どもをバカにしたり悪口を言ったりしているとしたら、お母さんは気が気ではありません。そのようなときには、たとえ子どもが10歳に満たない年齢であっても、きちんと言って聞かせるようにしましょう。その際に注意しなければならないことは、きれいごとや道徳のような話をしても子どもには意味がないということです。

良い悪いという分別がつきにくいから、子どもはこのような態度に出るわけです。それに対してきれいごとを言っても効果は期待できません。確かに親の言いなりになって道徳的になる子どももいますが、逆に後々「かくあるべし」思考が強くなりすぎて、うつ病になりやすくなるというリスクもあるのです。

そこで、もっと現実的な教え方をする必要があります。誤解を恐れずに例を挙げると、

「お前のほうが勉強はできるのだから、言うこともわかる。でもそれを外で言うのはやめなさい、外で言うとお前がほかの人から嫌われていじわるをされるよ。だから悪口を言いたければ私にだけ言いなさい」といった具合です。

もちろん、これが正しい教えだと言うつもりはありません。あくまで子どもが10歳になるまで、つまり、子どもがわがままで人のことなど考えない傾向が強い年齢までの対策です。幼少期の子どもにきれいごとを言うと、自分のことを邪悪な存在のように思うリスクがあります。そして、自分が思ったことや経験したことを親に言わなくなる危険が生じます。いじめられて一人で抱え込んでしまうのはそういうメカニズムだとも言えます。

まずは子どもの気になる言動は、とりあえず外ではしなくなるよう、現実的な作戦を立てるべきでしょう。

〈ポイント〉

1．幼少期の詰め込み教育はまったく問題ない。

2．子どもは未成熟であり、性格は未完成で身勝手である。

3．人の悪口は家では言っていいが、外では言わないようにと現実的な注意をする。

子どもの自信過剰は構わない

子どもが先取り学習をすれば根拠のある自信を持つことになるが、やり過ぎると自信過剰にならないかという心配の声を聞くこともあります。根拠のある自信を積み重ねていけば、子どもにはそれが大きな自信になっていき、ときに自信過剰になることもあるのかもしれません。しかしたとえ自信過剰になったとしても、問題はありません。私は子ども時代の自信過剰は、むしろ自然なことだし望ましいと考えています。

そもそも自信過剰であったり、負けん気が強かったりするのは悪いことでしょうか。子どもの時に、何かあったらすぐに自信をなくしてへこたれてしまうようでは、この先の人生を生き抜いていくのが困難になりかねません。また負けん気が強いことも、とても大切な特性です。何が何でも勝つのだという強い気持ちが、この先に待ち受けている様々な困難を乗り越える原動力になるからです。ましてや、格差社会化、競争社会化が進む世の中では、そのほうが適応力が高いのは確かです。

受験指導や子育てに関する仕事をしていて思うのは、最近の親御さんは少し神経質になっているということです。

子どもの数が減って、一人もしくは二人の子どもを大切に育てる時代になりました。以前の日本のようにきょうだいが四人、五人と大勢いるわけでもありません。

子どもを大切に育てるのはいいのですが、大切に育てるのと神経質になるのとは、大きな違いがあります。特に最近は、子どもが自信過剰だとか、負けん気が強いなどと言われることを極端に恐れる人が少なくありません。反対に、やさしくて、いい子ねと言われると安心するようです。

しかし、子どもはペットではありません。いずれ親元から離れて、この厳しい社会で生きていかなければなりません。そのための力をつけさせるのが、親の仕事なのです。子どもが自信過剰であり、負けん気が強いことは悲観することではありません。他の子をひどく傷つけるようなことがない限り、子どもが自信過剰なくらいで心配する必要はありません。ぜひお母さん自身にも、自信を持っていただきたいと思います。私も自信過剰だった東大卒の人（私自身もそうだったと思います）を何人も知っていますが、社会経験を積むことで角が取れていく人がほとんどです。一方で、精神科医という職業柄、自信が持てないために社会で上手に生きていけない人をもっと多く知っているのですから。

べたべたするとマザコンになる？

マザコンとは、特に男の子とそのお母さんの関係に使われる言葉で、マザー・コンプレックスの略です。マザコンという言葉はよく聞きますが、これもまた意味があいまいに解釈されていて、世間一般では一体どのような意味で使われているのかと混乱することもあります。言葉の意味があいまいだと話が具体的になりませんので、ここで再び大辞泉を引いてみましょう。

マザー・コンプレックスとは「自分の行為を自分で決定できず、母親に固着し、いつまでも支配されている心的傾向。母親に最高の価値をおき、愛の対象にも母親に似た女性を選ぶとされる。転じて、乳離れのできていない男性のことをもいう」とあります。

男の子にせよ、女の子にせよ、小さな子どもはお母さんが大好きです。それが大人になってまで続くのがマザコンということなのでしょうが、諸外国では望ましいこととされているのに、日本ではこんな風にネガティブな言葉で否定されてしまいます。ましてや子どもも時代に親が大好き、親とベタベタすることは否定されるべくもないことです。基本的には親の愛情を受ければ受けるほど、子どもは精神的に十全になると考えられており、子どもが親のことを好きというのは、その愛情関係がうまくいっている証のようなものです。
なぜ私がこのように力説するのかというと、先取り学習でお母さんが手取り足取り面倒をみて子どもとお母さんがずっと一緒にいると、マザコンになるのではないかという批判めいた意見を受けることがあるからです。もちろん、過干渉であったり、何でも子どもの言いなりになるのはよくないでしょうが、愛情をかけて、自信のある子に育てていくことに害があるわけがありません。このような幼児教育の神話で、お母さんと子どもの貴重な先取り学習のチャンスをつぶしてほしくないのです。

〈ポイント〉

1. 子どもが先取り学習をして、自信過剰になるのは問題ない。

2. お母さんは神経質にならない。やさしい子どもより、まず強い子に育てる。

3. マザコンは問題ない。過干渉でない限り、親子はいつも一緒で構わない。

幼児教育の〝神話〟にだまされるな

さてこの章の最後に、今まで触れてきたこと以外にも、幼児教育の神話として世間で言われていることについて考えていきたいと思います。

学力よりも人間性が大事だ、子どもは自由に伸び伸び育てばいい、小さいうちから勉強させるのは子どもがかわいそう、親の期待は子どものプレッシャーになるのでよくない、などなどいろいろなことが言われています。巷にあふれている子育て本を見れば、ほかにもいろいろなことが書かれていますし、インターネットを検索すれば、それこそ膨大な量の意見が出てきます。

ここで、世間にあふれている幼児教育に関する意見を一つひとつ吟味することはできませんが、親御さんには、多くの情報に惑わされないように、次の二点をぜひ知っておいていただきたいと思います。

一点目は、「その意見は子どもの学力を高めるためのものであるか」ということです。

もう一点は、「その意見はきれいな言葉で書かれているが、実は意味があいまいではないか」ということです。

この二つのフィルターを通していただければ、自分にとって必要な情報なのか、「都市伝説」なのかがすぐに判断できると思います。

たとえば、子どもは自由に伸び伸び育てばいい、という言葉を考えてみましょう。まず、明らかに学力を高める意見ではありません。また一見きれいな言葉で書かれていますが、意味がとてもあいまいです。伸び伸び育つというのは一体どういうことなのでしょうか。

私は小学校のころから受験塾に通い、灘中、灘高、東大理Ⅲと進学しました。ずっと勉強してきましたが、自分は勉強をしてきたから伸び伸び育ってないとは、ただの一度も思ったことはありません。むしろそのおかげでこの歳になっても、人に媚びることなく言いたいことが言えるし、生活のための妥協をしなくて済んでいるのです。

逆に昔は性格がよかった人間が、学力が十分身につかなかったために社会的弱者になり、ひがみっぽくなったり、メンタルヘルスを害している人をたくさん見てきました。

「衣食足りて礼節を知る」と言いますが、まず勝ち組になってから、弱者にやさしいノブレス・オブリージュ（高貴な者の義務・役目＝社会的に強い者が弱者を支えること）のようなものを身につけるのが望ましいというのが私の信念です。今の格差社会の勝者たちが弱者に冷たいのは、子どもの頃に勉強をしてきたのが悪いのでなく、大人になってからの勝ち組に道徳を教える教育がないことが問題なのではないでしょうか。

四章

親の意識改革なくして成功なし

どのような子どもに育てたいか

この本を読んでくださっているかたは、お子さんをどのような子に育てたいと思っていますか？　紙を一枚用意して、そこに書き出してみてください。貴重な発見があると思います。

やさしい子、人の気持ちがわかる子、元気な子、明るい子、健康な子、友だちの多い子、などいろいろな言葉が出てくるかもしれません。私は、親御さんが今書き出した理想の子育ての中に、以下のような文章が入っていることを祈ります。

〈ポイント〉

1．社会で生き抜いていける力を持った子。

2．自分は必ず成功するという強い自信を持った子。

3．逆境にめげず、負けてもまた立ち上がることができる子。

心身共に幸せに生きていくには、世の中はますます厳しくなっていくことが予想されます。今の子どもが大人になって社会に出るころには、さらに生きにくい状況になっているのかもしれません。子どもがずっと親御さんの元で過ごすのであればいいかもしれませんが、現実にはそうはいきません。いずれは、子どもは社会に出ていかねばなりません。自分の力で働いてお金を稼ぎ、生活していかなくてはなりません。

ＡＩの進化で人間並みの仕事（たとえばコンビニのレジなど）ができるロボットが実用化されると、職についている全人口の５割が失業するとさえ言われているのですから、能力が高くないと仕事につけない危険はどんどん増大するでしょう。

やっと入った会社が、残業代も支給しないで夜中の１～２時まで働かせるブラック企業であるかもしれません（これについても無知や不安のために訴えられない弱者が犠牲になっているのですが）。転職をしたくても正社員として雇ってくれるところがなければ、セクハラやパワハラ上司のもとで、ずっと仕事を続けなければならないかもしれません。

やさしい子、人の気持ちがわかる子、元気な子、明るい子になってほしいと願うのはよいことですが、人間はまず自分に余裕がなければ、人にやさしくも、人の気持ちがわかるようにもなれません。余裕のある人生を送るには、強くなっていくしかないのです。

社会で生き抜いていける力を持った子、自分は必ず成功するという強い自信を持った子、逆境にめげず負けてもまた立ち上がる子にするためには、子どもが小さいうちから綿密な計画を立てて、それを実行していかなくてはならないのです。つまり本書で繰り返し指摘しているように、幼少期のころから根拠のある自信をつけ、成功体験を積み重ねていくことが重要なのです。

スクールカースト

スクールカーストというイヤな言葉があります。直訳をすれば、学校内の身分制度という感じでしょうか。この言葉が世の中に出てきてからすでに10年以上がたちましたが、当初は、クラス内の人気者の序列という程度の意味でとらえられていました。

ところが、東京都の職員で学校事務をやっていた森口朗さんという教育評論家の方がスクールカーストに関する本を書いたことによって、その本質が世間に知られるようになってきました。

スクールカーストは単なるクラスの人気ランクなどではなく、いじめの温床になっている〝差別システム〟であることがわかってきたのです。

クラスの中には一軍、二軍、三軍という厳格な序列があって、それがある種の権力構造になっています。一軍は、自己主張が強く自信満々で、よく発言し、大きな存在感を発揮します。二軍は、一軍の子に従うことで自分もその仲間のような感覚を持つマジョリティ。三軍は、その輪に入れない（オタクと呼ばれる存在も含む）仲間外れのような位置づけです。

スクールカーストには暗黙の了解があって、クラスのいろいろな情報は、一軍と二軍の子しか知ることができません。三軍は、最初から存在として認められていません。クラスで発言するのは一軍と二軍ですが、二軍は自分のポジションをよくわきまえていて、一軍が話をしているときは話してはいけないと自分自身に言い聞かせています。森口さんによると、現代型のいじめというのは、二軍にいる子を三軍に落とすというようなやり方で行われるそうです。

いじめそのものは、昔からありました。すでに触れたように、私は子どもの時にいじめられていました。当時の学校でも、声の大きなやつがクラスを牛耳っているような感じでした。腕力があってケンカが強くガキ大将のような子どもと、彼らの言うことを聞いている子分のような子どもは、いつの時代にもどこの学校にもいたものです。灘校に入ってからもいじめに遭いました。運動神経がよく声の大きなやつが、私のような運動オンチの子をよくいじめていました。

ところが、昔からどこにでもあったいじめと、現在のスクールカーストは明らかに異質なものです。

最も大きな違いは、今は休み時間だけではなく授業中にもスクールカーストの影響があるという点です。昔のいじめは、休み時間もしくは放課後に発生していました。少なくとも授業中は先生の管理のもと平穏さが保たれていたと思いますし、基本的には、授業中は平等に扱われていたと思います。授業中に声の大きなガキ大将だけが手を挙げて発言し、ほかの子どもは手を挙げてはいけないという雰囲気はなかったですし、先生も発言の少ない子どもには意図的に意見を言わせるように仕向けてもいました。

スクールカーストの実態を、多くの子どもたちのインタビューによって明らかにした秋田大学の鈴木翔さんによると、現在のスクールカーストは、なんと、先生がいる授業中の教室でも起きているのです。一軍が手を挙げて話をしているときに、二軍は自分に発言権はないと思っている。三軍は、最初からいない存在。つまり、学校の授業が一軍の子どもたちの単独ステージになってしまっているのです。

残念なことに、学校側の一部はこのスクールカーストを容認し、さらにこれを利用しているという報告もあります。たとえば教育実習生が授業をするとき、一軍をおさえておけば授業がスムーズに進むので、自分の教育実習の評価は高くなります。そのために、実習生のあいだでは一軍の子たちと仲よくしておくことが実習をうまく終わらせるコツだという話になっている、というのです。

また現役の先生の中にも、学級崩壊を防ぎ、自分のクラスを安定させるために、意図的に一軍と仲よくする人がいるそうです。これは、実に大きな問題です。子どもが不公平に扱われているとか、発言できない子どもはかわいそうなどといったレベルの話ではありません。子どもの、その後の進路や将来を大きく変えてしまう可能性があるからです。

現在、文部科学省の政策のもと、公立の小学校、中学校、高等学校では、成績表をつける際に観点別評価というものを導入していますが、この観点別評価という成績のつけかたは、実はスクールカーストの一軍だけにとても有利に働くのです。

観点別評価

観点別評価というのは簡単にいえば、子どもの成績をつけるときテストの点数だけで評価をするのではなく、その科目に対する子どもの関心や意欲・態度、授業中や実験室などでの表現などいくつかの観点に対して評価をし、総合的に評価を決めるというものです。

このような成績のつけ方が導入されているのであれば、現在のスクールカーストのもとでどのようなことが起きるのかは容易に想像がつきます。つまり、授業中に手を挙げてどんどん発言をする一軍に圧倒的に有利に働くということです。二軍は、一軍の目を盗みながらときに発言を許されるかもしれません。しかし三軍は、授業中に発言をすることはありません。このような授業の状態や態度で成績がつけられるのであれば、当然、一軍の成績はよくなりますし、三軍の成績はさらに悪くなります。

三軍の中に、ものすごく努力をする子どもがいて、一生懸命勉強しているとします。勉強しているので、中間や期末のテストでは満点をとります。ところが現在の観点別評価では、ペーパーテストの点数は全体の4分の1から2分の1しか考慮されないので、三軍の子だと5段階評価の3くらいの評価しか得られないことが起こり得るのです。一生懸命努力してテストでも点数を取っているのに、クラスで三軍扱いをされているために成績が上がっていかないというのは、なんとも嘆かわしいことです。

さらに、この成績のつけ方は大学受験にまで影響していきます。

一章でも触れましたが、日本の大学の状況は大きく変わりつつあります。子どもの人数が減っていますので、学生を集めるために推薦入試での合格者を増やす大学が増えていて、推薦入試は高校の成績が決め手です。また面接と小論文だけの試験を導入している大学もあります。現在、一流とされる大学でもＡＯや推薦入試の割合が増えているのですが、それを文部科学省は、むしろ望ましいことと見ています。そして、２０２１年の春入試から、原則的にすべての国立大学が、ペーパーテストだけでなく面接や小論文、そして学校の調査書を含めた評価をしなければならなくなります。

つまり今の大学入試の傾向が、観点別評価の成績が高い子どもに有利に働くようになっているのです。

対抗策として力をつけさせるのが親の役目

文部科学省はなぜこのような成績のつけ方を導入したのでしょうか。表向きの説明は、試験の点数をとることがうまい子どもだけを評価すると、みんなガリ勉になってしまい心の余裕がなくなってしまう、また試験の点数は高くなくてもやる気のある子どもはいるのだから、その態度も見てあげて成績に反映していくのがいい、というものです。

しかし、本当にこれが観点別評価を導入した理由であるのかどうかは、疑わしいと思っています。

もしかしたら、子どもが減って学習塾をはじめとする受験産業界の売上が下がってきたことと関係があるかもしれません。このままでは受験産業は下火になる一方ですので、大学入試をすべてＡＯ化して、面接や小論文の対策を受けないと一流大学に合格できないようにしようとしているのかもしれません。つまり学習塾の救済策として、入試改革が行われるというわけです。以前、当時の大臣が、学習塾業界のボスとされていた人で、不明朗な献金をもらっていたとも言われていますが、そのことと関係があるように思えてならないのです。

あくまでこれは私の推測であり、真相はわかりませんが、国の政策が子どもにとって好ましくないものになっている以上、子どもを守るのは親の仕事であるわけです。

残念なことではありますが、今後もスクールカーストは存在するでしょうし、観点別評価も残るでしょう。入試改革によるペーパーテストだけでは国立大学に入れない状況もしばらくは続くと思われます。そうした場合、子どもが幼少期のころから根拠ある強い自信をつけることが本当に重要になるのです。このような社会である以上、スクールカーストや観点別評価などに負けない、強い子になっていってほしいのです。勉強さえできればいい時代でなくなったからこそ、現在はかつてないほどに幼児教育が重要な時代とも言えるのです。

〈ポイント〉

1．子どもが小さいうちから社会の厳しさを教える。

2．スクールカースト、観点別評価に負けない子に育てる。

3．幼少期からの強い自信が子どもの助けになる。

子どもを一番よく知っているのは親

幼児教育が重要ですという話をすると、お金がかかるのでできない、保育園や幼稚園に通わせるのが精一杯で、それ以上のことはできないという意見を聞くことがあります。私のところでも高額の料金をいただいて幼児教育専門の教室を運営していますので、誤解を招いてしまうこともあるかもしれませんが、本来、幼児教育にお金はかかりません。先にも触れましたように、私の運営している教室は、知的専門職の女性の子弟教育の手助け（お母さんが仕事をしている間、子どもを預かることも含めて）のような位置づけのものです。

さすがに大学受験や高校受験はかなり難解な内容となるので、お母さんが子どもに伴走しながら教えるのは厳しいと思います。しかし、小学生を対象にした中学受験の勉強までであれば参考書を見ながらお母さんが教えることのできる内容ですし、この本のテーマである幼児教育であれば、なおさらお母さんにできないはずがありません。お金をかけずに幼児教育を実践していただくためにこの本を書いたのです。私が効果的だと思う幼児教育の実践方法を最後の章で具体的に解説していきますので、ぜひ活用していただきたいと思います。

子どものことを一番よく知っているのはお母さんです。子どもの幼児教育に最も向いている立場にいるのは、実はお母さんなのです。お母さん自身が、根拠のある強い自信を子どもにつけさせるのだと、覚悟を決めることが大切です。

覚悟を決めてくださいと言うと、途端に不安になってしまうお母さんもいるかもしれませんが、心配はいりません。

ここでアメリカの先住民族（ネイティブ・アメリカン）の子育ての話を紹介しましょう。

精神分析学者で文化人類学者でもあるエリクソンという人が、ネイティブ・アメリカンの子育ての様子を長年にわたって調査・分析しました。その結果、以下のようなことがわかったのです。

ネイティブ・アメリカンは多数の部族に分かれているのですが、部族によって実は子育ての仕方が異なります。ある部族では、子どもを小さいうちから厳しく育てます。言うことを聞かなかったら体罰を与え、ひどい悪さをしたら崖から突き落としてしまうようなこともします。そうかと思えば、また別の部族では子どもにとても甘いところもあり、５歳、

6歳になってもお母さんのお乳を吸わせたり、子どもの言うことをなんでもお母さんが聞いてあげたりしています。

このように、ネイティブ・アメリカンの子育ての方法は、部族や集落によってバラバラだったのだそうです。しかし、それぞれの部族の子育てはうまくいっていました。厳しく子どもを育てていた部族も、甘やかして子どもを育てていた部族も、みな子どもは精神的に大きな問題を生じずに、無事に大きくなっていきました。

ところが、あるとき異変が起きます。白人の教育学者などの専門家が各部族を訪問し、子育てについてアドバイスを始めたのだそうです。それは、厳しい子育てをしている部族に対しては、こんな体罰のようなことをしていると子どもが変になると、そして甘い子育てをしている部族に対しては、こんなに甘やかしていると子どもが変になるといったアドバイスでした。白人の学者からしたら、各部族の子育て法はあまりに極端に見えたのでしょう。しかしこのアドバイスを聞いてから、ネイティブ・アメリカンの親たちが子育てに自信を失ってしまい、その不安が子どもたちにまで伝搬していきました。その後、心を病んでしまう子が多く出るようになったのだそうです。

この話は何を伝えているのかというと、つまり、子育ては自信を持ってすればいいということ。過度に心配したり不安に思ったりする必要はありません。お母さんがこのやり方がいいと思ったら、自信を持って進めましょう。やってみて結果が出ないと感じたら、方法を変えればいいだけの話なのです。

子どもに合った方法を見つけるのが親の仕事

特に子どもが小さいうちに始める幼児教育では、子どもに合った方法を見つけるのがお母さんの仕事であると思ってください。

では、子どもに合った方法は、どうやって合う合わないを判断すればいいのでしょうか。それは、シンプルに成果が出ているかどうかで判断してください。子どもが、勉強ができたという成功体験をすることが大切なのです。そのやり方で、子どもが成果をあげているかどうかを見てください。いい点を取れなければ、それは子どもに合った方法ではないのかもしれません。

たとえどんなに売れている子育て本に書かれている方法でも、たとえどんなに著名な教育評論家が勧めているやり方でも、子どもに結果が出てこなければ意味がありません。

この本だってそうかもしれません。

多くのお母さんは、どこに書かれているか、もしくは誰が言っているかという子育てのプロセスにこだわる傾向があります。しかし、それはよいことではありません。あくまで子どもにどういう結果が出ているかという視点のみで判断をしてください。プロセスではなく、結果を重視してください。

そしてさらに重要なことは、もし仮に最初に使った方法が子どもに合わなかった場合、なぜ合わなかったのかを検討してください。もしかしたら、お腹がすいていたからその教材に集中できなかったのかもしれません。もしかしたら、その教材を使う時間はいつも子どもが眠い時間帯なのかもしれません。子どもに合わなかった理由は、勉強の仕方にあるのかもしれませんし、教材にあるのかもしれませんし、勉強する時間帯にあるのかもしれません。その理由を探ることが大切なのです。

世の中の子育て本の致命的な欠陥は、子どもは一人ひとり違うのだという点を見過ごしているところにあります。一人ひとりが違うのですから、これさえやっていれば大丈夫というフレーズを多用している本は、少し疑ってみることも必要です。

確かに子どもはほめるほうが伸びる可能性は高いかもしれません。仮に、ほめるほうが伸びる子どもは全体の7割で、厳しく言ったほうが伸びる子どもは全体の3割であった場合、学者はほめるほうがいいと言うでしょう。しかしながら、自分の子どもはそのどちらなのかがわからなければ、子どもはほめて伸ばすという方法がいいかどうかはわからないのです。

このような視点を持ち、子どもの勉強法は合わなければ10種類でも20種類でも変えてトライしてみるという気持ちで挑戦していただきたいと思います。

〈ポイント〉

1．その子に合う、実際に成果の出る方法を見つける。

2．成果が出なかった方法は、なぜ成果が出なかったのかを分析する。

3．子どもは千差万別。合わなければ違う方法を10でも20でもトライする。

一つ二つであきらめるな

以前、勉強のやる気の出させ方をなるべく多く知ってもらおうと、『和田式勉強のやる気をつくる本―やれない自分を変えるちょっとしたアイデア75』という本を出したのですが、残念ながらあまり売れませんでした。売れなかった理由はおそらく、75ものアイデアを試す気になる人があまりいなかったからでしょう。75ものアイデアがあれば、そのうちのいくつかは自分にぴったりのやり方が見つかるかもしれないと読者に思っていただけるのではないかと期待したのですが、結果はダメでした。

先ほどの話のように、子育てはほめて伸ばすというようなワンフレーズのほうが、試すほうとしては気が楽なのかもしれません。しかし、私たちが挑戦しているのは、子育てです。人を育てているのです。そこにラクをしたいという気持ちは入れないでいただきたいのです。前の項でもお伝えしたように、一つや二つのやり方を試したくらいであきらめないでください。

東大を目指す受験生からよくされる質問は、「睡眠時間は何時間がいいですか」というものです。私はいつも、「わからない」と答えます。なぜわからないかと言うと、睡眠時間も人によって適切な長さが異なるからです。だから受験生には、自分で試してごらん、5時間寝た時と7時間寝た時と、どちらが集中できて一日の勉強の成果が上がったか自分で実験してごらん、と言うようにしています。このように、一つひとつの方法を実際に試してみて、その効果を見てみることが大切なのです。

親御さんには、ぜひ子どもの特性を見ていただきたい。どうすればやる気を出すのか、どうすれば勉強の成果が上がっていくのか、いろいろと根気よく試してください。特に幼少期のうちに、この子はこういう子だ、という子どもの特性のパターンをつかんでおくと、それは高校生くらいまで活用することができます。

「三つ子の魂、百まで」ということわざがある通り、幼少期の特性パターンは、長く続いていく子育てにとって貴重な財産になります。中学受験、高校受験、大学受験と進んでいく中で、どういうときにやる気をなくすのか、どうすれば再び勉強に向かっていくのかという解決方法が、幼少期のころの観察によって見えてくるのです。

子育てに自信がない、子育ての結果が出せないと相談に来るお母さんがいます。そのようなかたに聞くのは、どれくらいの方法を試しましたか、ということです。多くのお母さんが、五つくらいのやり方を挙げますが、それ以上は出てきません。それどころか、一つか二つのやり方がうまくいかなかったからダメだと嘆く人も少なくないのです。考え方が甘いのではないでしょうか。私に言わせれば、数個のやり方を試したくらいで結果が出ないと言っているようでは、子育てに本気になっているとは言いがたいのです。

子育てに成功するコツは、実はとても簡単です。成功するまでありとあらゆるやり方を試し、それを実行し続ければいいのです。つまり、子どもが勉強に興味を持つようになり結果が出るようになるまで、あきらめずにひたすら方法を模索していけばいいのです。そのうち、自分の子どもだけに合ったお母さん独自のやり方が、必ず見つかります。子どもの数が少ないうえに、時間はたっぷりある（10年目で見つかったとしても、まだ間に合います）のですから、これをしない手はありません。

〈ポイント〉

1．子育ての成功のコツは、成功するまでやり続けること。

2．子育ての失敗の原因は、すぐにあきらめてしまうこと。

3．10年かかっても、成果が出るまで試し続ければ、その子にとっての最善の方法は必

ず見つかる。

観察と記録

子育て中の親御さん、特に子どもと長い時間一緒にいるお母さんは、子育てから逃げてはいけません。肩ひじを張る必要はありませんし、焦る必要もありませんが、子どもを幸せにしたければ逃げてはいけません。

子育てから逃げると、一緒に先取り学習する時間もなくなりますので、お母さんは物理的に子どもと一緒にいる時間が短くなっていきます。そうすると、現在どのくらい勉強ができているのかが把握できなくなりますし、どこで躓いているのかもわからなくなります。子どもはいったん勉強に躓いてわからなくなってくると、勉強に対する興味を急速に失います。自力で再び勉強して追いつこうとすればいいのですが、小さい子どもにはまずそれは期待できません。このような状態になってから、お母さんが勉強をしなさいと言っても、ますます勉強嫌いになるだけです。

反対に子育てから逃げずに子どもとずっと一緒に接していると、必ず見えてくるものがあります。この子はこういうところに関心を持つ、こういうふうにほめてあげるとやる気を出す、こういうふうに叱ると逆効果だ、などといった具合です。それなら、躓いても早く気づくことができるでしょう。お母さんのすばやい対応でまたできるようになると、再び勉強の世界に戻ってくるのです。

子育てに成功しているお母さんに共通していることは、マメであること。子どもと一緒にいて、よく観察するのです。観察結果は必ずメモに記録しておきましょう。観察して記録、観察して記録という具合に日々の状況を繰り返しメモしておくと、子どものパターンが見えてきます。

こういう教え方では理解できないとか、こういう叱り方ではイジケてしまうとか、いつもの勉強時間を5分延ばすと集中力が途切れるとか、ダメなこともパターンとして見えてくるはずです。それらのダメパターンを整理し、ダメリストを作ることもでき、また反対のパターンを整理して、OKリストを作ることもできるわけです。実際、失敗学という新しい学問を提唱している畑村洋太郎東大名誉教授に伺った話ですが、失敗というのは自覚しないと同じ失敗を繰り返してしまうが、それを自覚して二度としないようにするということを重ねていくうちにどんどん成功に近づいてくるとのことでした。

つまり、幼児教育や育児とは、受験専門家や保育士といったプロフェッショナルでないとできないといったことでは決してなく、子どもにとことん向き合うお母さんであれば、誰でもきちんとできることなのです。テクニカルなことや専門知識は観察する上でのヒントにするもので、それがいちばん大事なのではありません（あったほうがいいので、このような本を含めて情報収集は大切ですが）。いちばん重要なのは、むしろ時間をかけてつぶさに観察し、うまくいかなければ、解決する方法を探し続ける根気なのです。

次の章でもいろいろな実践方法を紹介しますが、これも、まずは私からスタンダードな方法を示すので試してみてください、という程度のもの。決してこれが絶対に正しい実践方法であるということではありません。繰り返しになりますが、子どもは一人ひとり違うので、この本を含め、絶対に正しいマニュアルというのは存在しないのです。いろいろなことを試してみてください。

もし結果が出なかったら、うちの子には合わなかっただけだと思えばいいのです。決してうちの子はダメとは思わないでください。

〈ポイント〉
1．子どもをよく観察して、様子を記録する。
2．記録の中から、子どものパターンを見つける。
3．効果のあるパターンを集めて、ＯＫリストを作る。

子どもの能力が必ず開花すると信じていると、それは子どもにも伝わります。私は、弟の人生を見ていて、つくづくそう思います。前にお話ししたように、まったく勉強ができない弟を、みなが「ダメな子」と思っていました。

でも、一人だけ弟のことを信じた人がいました。母だけが信じたのです。母は、弟はできる子だと信じ、そして才能を開花させることをあきらめませんでした。小学校のときに普通学級に残れるのだろうかと心配された弟が、現役で東大文Ⅰに合格し、在学中に司法試験に合格しました。これは母の本気の子育ての勝利だと思っています。

母の本気

ずいぶん前のことですが、私は『わが子を東大に導く勉強法』という本を出したことがあります。その際に、母が巻末に手記を寄せてくれました。あらためて今その手記を読み返しますと、母の信念が伝わってきます。

《生意気に聞こえるかもしれませんが、私は、命がけで子育てをしてきたつもりです。子どもが勉強しようとしているのに、自分がテレビを見るなんてことは、とても考えられませんでした。（略）ウチは金持ちじゃありませんし、子どもに残してやれるものなんて何もありません。せいぜい子どもに学歴をつけてやることしかできないのです。私は、とくに戦争直後にミジメな暮らしをしていたこともあります。子どもにだけはそんな思いをさせたくないのです。（略）べつに、東大に行けばエライなんて思っていません。でも、東大に行っているのはトクやなと思うことは、親の立場から見てもままあります（原文ママ）》

前にも少し触れたように、親が東大卒であると子どもも東大に合格することが多いのは、親の遺伝などではありません。単に親が東大に受かる勉強の仕方を知っていて、それを子どもに教えているからです。それだけのことです。

親が東大を出ていなくても、今の時代は、(私の本も含め)東大に入れる勉強法を書いた本はいくらでもあります。前述の佐藤亮子さん(この方もまさに本気の塊のような人です)も、それを使って4人のお子さんを東大の理科Ⅲ類に合格させました。

つまり、必要なのは、子どもにかけるお母さんの本気だけなのです。

根拠のある自信を持つのか、根拠のない自信を持つのか、それは人によって、時代によって違うのかもしれません。母が子育てをしていた時代も、弟が東大を目指したころも、日本は今よりもずっと明るい社会でした。右肩上がりに成長をしていた時代ですから、将来に夢や希望がありました。根拠がなくても自信を持ちやすかったのかもしれません。また母と弟は、楽観的な性格です。細かいことにくよくよせず、まあなんとかなるだろうという考え方をする人たちです。このような性格も影響して、根拠のない自信を持ち続けていられたのかもしれません。

しかしこの本を読んでくださっているお母さんは、時代の背景としてはやはり自信を持ちにくい状況の中で子育てに奮闘しておられることだと思います。明確な根拠がなければ、自信が持てないのも無理はありません。お母さんが自信を持たなければ子どもも自信を持つことができません。これからの子育ての成功は、明確な根拠をどうやって作っていくか、小学校に上がる前、5歳ころまでに本当に成績が上がるという成功体験をどうやって持たせるか、そしてその根拠をもとにして親子ともにいかに強い自信を持つことができるか、という点にかかっています。いわば、将来東大に入る子は、5歳で決まると言っても過言ではありません。

最終の章では、根拠のある自信を持つためにはどうすればいいのかという点について、これまでの内容の復習も兼ねながら、具体的な実践方法を公開します。

五章

実践！「根拠ある自信」をもたらす子育て法

子育てノート

この章では、子育ての方法について実践的な解説をしていきます。

これまでの受験指導から成功パターンを逆算し、私の幼児教室ですでに始めているものがほとんどなので、まず試す価値のあるものだと信じています。

前の章でもいくつか具体的なお話をしていますので、今までの話も参考にしながら、以下のやり方を試してみてください。

試行錯誤の中から、ぜひ子どもに合ったベストの方法を見つけていってください。その際に、ＰＤＣＡという言葉を知っておくとよいと思います。ＰはPlan（計画）、ＤはDo（実行）、ＣはCheck（検証）、ＡはAct（改善）という意味です。

つまり子育てについてある方法を計画し、それを実行してみて、結果を検証し悪い点を見出して、改善するということです。ＰＤＣＡを繰り返していくと、やがて子どもに合ったやり方が必ず見つかります。

まず、お母さん独自の子育てノートを作ってください。そこには、何を書いても構いません。誰にも見せないノートです。自由にいろいろなことを書いてください。

子どもの様子をよく観察してその結果を書くのもいいでしょう。いろいろな方法を試した結果、子どもはどのような反応を示したでしょうか。どのようなほめ方をしたら、子どもの反応がよかったでしょうか。どのような叱り方をしたら、子どもが余計に反発して逆効果になったでしょうか。その子に合う方法を見つけていくための大きな助けになるノートです。

ノートを作るメリットは、大きく二つあります。

一つは、ノートをつけると子どもの反応がデータとして蓄積されていくことになります。何をすれば効果が出て、何をすれば効果が出なくて、何をすれば逆効果になるのかが、データとしてたまっていきます。それを定期的に見直してください。子どものパターンや法則を見つけることができます。子どもは一人ひとり違うわけですが、データが多ければ多いほど、お母さんがその子の特性を見抜くことに成功する可能性が高まります。

ノートを作るもう一つのメリットは、何でも観察してそれを記録に残そうという意識が常に働くようになること。そうすると、お母さんは余計に子どもを鋭く観察するようになります。

ノートの具体的な作り方に特にルールはありませんが、私は次の二つをお勧めしたいと思います。

1．まず、ページの最初にその日の日付を書いてから観察の様子を書き入れていくわけですが、新しい日になったら、必ず次のページに新しい日の分を書いていってほしいのです。ノートがもったいないからといって、次の日の分も同じページに書くのは避けたほうがいいと思います。

なぜなら、毎日毎日新しいページを使うことによって、日々の観察の量が一目でわかるからです。ある日はノート一日分にいろいろなことが書いているのに、次の日は、ほとんど何も書かれていないとしたら、それはお母さんが観察の手を抜いているか、もしくは子どもの変化を見逃しているからなのかもしれません。

2．もう一つのお勧めは、子育てに関する新聞や雑誌の記事を切り抜いて、ノートに貼っておくことです。気に入った記事や参考になりそうなものを切り抜いてノートに貼っておけば、いつでも見直すことができます。また、ノートに記事の切り貼りをしようと思っていると、不思議なもので新聞や雑誌を読んでいるとき、子育てに有効な内容が目につくようになります。

神経質にノートを作る必要は一切ありません。適当に切り抜いて、適当に貼り付けておけばそれで構いません。ノート作りは雑でいいのです。

ノートとスクラップ帳を分ける人がいますが、こうしますと管理が大変になりますし、情報は一か所に集めておいたほうが、気持ちがラクになります。このノートさえ持っていればよいと気楽に思えることが、長く続けられるコツ。

パソコンにスキャンすればいいと思う人もいるかもしれませんが、結局後から見ないことが多い上に、手作業で貼り付けながらチラチラと中身を読むことに意味があるので、できれば、このようなノート＋スクラップ一体型をお勧めします。

前向きなママ友

ノート作りに加え、同じように子育てをしているママ友を作るといいでしょう。ただし前向きな人とママ友になることが大切です。

これはあるお母さんから聞いた話ですが、公園や幼稚園で知り合いになったママ友の中には、やたらと人の生活に関心を持つ人がいるようです。いろいろ様子を聞きだし、最後にはママ友グループの中で夫の年収を順番に言わせるような人もいるようです。

このようなつまらない人間とは付き合わないほうがいいのは当然のこと。他人の生活に必要以上に関心を持つ人は、実は自分に自信がなく後ろ向きな人間なのです。

そうではなく、いい意味で子育てに熱心で、勉強好きなママ友探しが重要ということです。

子どもの教育に熱心なママ友がよい理由は、情報の交換ができるからです。効果のあった勉強の仕方や、使いやすい教材に関する話に加え、子どもが大きくなるにつれて、学校や塾の評判なども教え合う関係になるかもしれません。

類は友を呼びますので、意識の高いママ友と一緒にいると、まわりに同じようなお母さんが集まってきます。そうすればさらに心強いネットワークが築けると思います。

あたりまえの話ですが、ママ友はライバル関係ではありません。子どもを幸せにしようと考えているお母さんの〝同志〟のような仲間だということです。


よい情報を得るにはコツがあります。それは、まずこちらからよい情報を相手に伝えることです。相手のためを思ってまずこちらから行動をすれば、それはやがてこちらに返ってきます。これは子育てに限らず、よい人間関係を築く基本ですね。

ただし、それがうまくいかなかったときは悲観せず、一人でもがんばっていくという覚悟が必要です。私の母もほとんど共同戦線を張るようなママ友はいませんでしたし、佐藤亮子さんにもおそらくいらっしゃらなかったのではないでしょうか。

自己をコントロールする意志力

幼少期の子どもに集中力を持って勉強に向かわせるためには、最初はある程度のトレーニングが必要になります。

すでに紹介したマシュマロテストでは、はじめダメだった子でも、次には我慢できるように練習すると、その後の成長がうまくいったという報告もあります。以下のような手法を使って、まず子どもがある程度のことを我慢できるようにしましょう。これが子どもを勉強に向かわせる出発点です。

今日のおやつを使って、さっそく実践してみましょう。幼少期の子どもにいきなり大きな我慢を強いても、うまくはいきません。徐々に慣らしていくことが必要です。

たとえば最初は、「今日のおやつはお母さんがお使いから帰ってきたら一緒に食べようね」と言って、少しの時間食べるのを我慢するという経験をさせるのも有効でしょう。お母さんのお手伝いをしてくれたら、おやつのチョコレートを一個じゃなくて二個にするよ、といったやり方も効果があるかもしれません。

これも方法は一つではありませんので、子どもに合ったやり方を見つけてください。要は、子どもがある程度のことを我慢して自分をコントロールできるようにするのが目的なのです。

子どもには、自分が何かを我慢すれば、もしくは自分がお母さんの手伝いなど何かの仕事をすれば、そのご褒美として自分にもいいことがあると教えるのは、とても大切なことです。

このような労働の対価という考え方を知らなければ、子どもは単に駄々をこねるだけで自分の欲しいものが手に入るという誤った考え方を持つ可能性もあります。

マシュマロテストのような手法は、子どもに勉強の習慣をつけさせるときにも有効に使えます。たとえば、「この問題をやったらおやつにしようね」とか、「このドリルを昨日よりも早くできるようになったら、そのあとの時間はゲームをやってもいいよ」という言い方もできます。

勉強の習慣

ぜひ、ご自身のことを思い浮かべてください。

子どものころ、毎日勉強していましたか？　小学生、中学生、高校生とずっと毎日、勉強していましたか？　部活があっても、読みたいマンガや観たいテレビがあっても、決めた一定の時間帯に毎日勉強していたでしょうか。それとも、小学校では宿題を片づけるのみ、中学校では試験のときに一夜漬けするだけ、高校では部活で疲れてほとんど勉強しなかったという生活でしたか？　ご自身の子ども時代を思い出すのは、とても大切なことです。

もしこれを読んでいる親御さんが学生時代に毎日勉強しない子だったとしたら、なぜそうなったと思いますか？　それは単純に、勉強が毎日の習慣になっていなかったからです。

勉強は毎日するものです。毎日です。宿題があるから勉強するとか、試験があるから勉強するとか、そういうことではないのです。勉強しない日を作らないようにすること。つまり、勉強を毎日の習慣にすることが重要なのです。

習慣にするというのはどういうことでしょうか。

私はいつも歯磨きを例にお話しししています。小さな子どもの多くは、歯磨きが嫌いです。それを最初はお母さんが磨いてあげたりしますが、嫌がって逃げ出す子もいます。うちの子もそうでした。それを無理に押さえつけてでも、そのうち、きちんと毎日自分で歯磨きをするように習慣化させていきますよね。毎日歯磨きをしていくと、やがて子どもは歯磨きをしないと気持ち悪く感じるようになってきます。朝食を済ませてから出かける前に歯磨きをし、夜寝る前に歯磨きをしてと、多くの人は最低でも一日に二回歯磨きをするでしょう。出かける前に歯磨きをしないと気持ちが悪いですし、夜寝る前に歯磨きをしないのも気持ちが悪くなります。これは子どものうちから、そのような習慣になっているからです。トイレから出て手を洗うのも同じことです。アメリカ人はそれが習慣になっていないので、手を洗わないで平気な人が多いのでびっくりします。でも、日本人はそれをしないと気持ち悪いですよね。

勉強もこれとまったく一緒。毎日勉強するのが習慣になれば、勉強しないと気持ちが悪くなります。歯磨きを習慣にするためお母さんが子どもの歯を磨いてあげたように、勉強が毎日の習慣になるようお母さんが子どもと一緒に勉強をしましょう。これは、とても重要なことです。ぜひ、今日から始めてください。

勉強を毎日の習慣にするコツがあります。それは、〝勉強をして頭がよくなった〟と子どもに毎日感じさせることです。

毎日勉強をしていると、必ずその日に新しくできるようになったことが出てくるわけですから、それを根拠にして、子どもに今日も頭がよくなったと感じさせてください。

歯磨きを自分でするようになると、子どもは大人をつかまえて、歯磨きできたとか、歯がきれいになった、と申告するようになりますよね。そのときに歯を見てやりながら、あきれいになったね、と言ってあげると子どもは喜びます。勉強もこれと同じで、今日も頭がよくなったね、と毎日子どもに言ってあげてください。

そうすることによって、勉強をしていないと、あるいは勉強をしていない日があると頭が悪くなるという不快感が生じてきます。これが習慣化というものなのです。

実は、私は今でも勉強しない日があるとバカになったようで気持ちが悪くなることがあります。習慣の力は恐ろしいものです。

勉強の場所

前にも書きましたが、毎日の勉強の場所は家の居間がお勧めです。居間に思うようなスペースが取れない場合は、ダイニングのテーブルでもよいでしょう。お母さんが一緒になって勉強できる場所であることが大前提です。

子ども部屋にこもって、子ども一人で勉強するというやり方はお勧めしません。これは子どもがある程度大きくなっても同じことです。子ども部屋に一人でいても、子どもは勉強に集中しません。ゲームをやったりマンガを読んだりします。家族がいるところで勉強したほうがはかどります。居間で勉強する姿を見てあげるほうが、子どものやる気につながるのです。

子どもが勉強に集中するよう、日ごろから居間はある程度、整理整頓しておいたほうがよいでしょう。

特におもちゃ類、ゲーム類は子どもの気を散らしてしまう可能性が高いので、出しっぱなしはよくありません。ゲームは勉強以上に習慣性・依存性があるのでそもそもあまりお勧めしたくないのですが、仮にするとしたら、大人の目の届く居間でやらせるべきです。そのほうがコントロールしやすいからです。遊んだらその都度片付ける習慣をつけることも大切です。また、子どもにおもちゃやゲームを片付けろと言っておきながら、居間が大人のモノであふれていては説得力がありません。その意味でも、居間は日ごろから整理整頓しておいてください。

居間の整理整頓は、モノに限った話ではありません。勉強の大きな妨げになる雑音も、きちんと整理整頓しなくてはなりません。テレビやＤＶＤには特に注意をしてください。子どもが居間で勉強をしているときに、ほかの家族が居間でテレビやＤＶＤを観るのは絶対にやめてください。子どもが勉強に集中できなくなりますし、そもそも子どもが勉強にやる気を出しているのに、周りの大人がテレビを見ているのでは説得力がありません。

また、大人が観たいテレビがあるからといって、子どもを他の場所に追いやって勉強させるのも、おかしな話です。お父さんが居間でビールを飲みながら寝転がってテレビを観ているようでは、なかなか子どもに勉強の習慣はつきません。

くり返しますが、子どもが居間で勉強をしているときは、ほかの家族も一緒になって本を読んだり、何かの仕事をしたりするのがよいでしょう。そして子どもの勉強が終わったら、今度は家族が一緒になって、テレビやＤＶＤを観たりゲームをしたりすればいいでしょう。

または、今はいくらでも録画できるのですから、そういうものは子どもが寝静まってから観ればいいのです。

勉強の量と時間帯

一日の勉強量はどのくらいが適切でしょうか。これは子どもの年齢によります。

私は今まで出してきた本の中では、子どもの学年×20分から30分、とお伝えしてきました。つまり、小学1年生であれば20分から30分、２年生であれば40分から1時間、３年生であれば1時間から1時間半、６年生であれば2時間から3時間という具合です。

ここで言っている勉強量とは、家でする勉強についてです。すでに触れたように勉強は家でするものであり、お母さんが先生です。保育園や幼稚園で勉強を少し教えてくれているからといって安心し、家で勉強の時間を確保しないというのはまちがいです。

また小学校に上がった時にも、勉強は学校で毎日しているのだから家ではリラックスしてもいいだろうと思わないでください。小学校に上がってからも、勉強は家でするものです。先取り学習を原則にする以上、学校は勉強を習いに行く場ではなく、あくまで復習をするために行くところと考えてください。

今回は幼児教育がテーマですが、小学校に上がる前の幼稚園児をこの法則にあてはめて考えてしまうと、一日の勉強量がほんの数分とあまりに短くなってしまいます。

ゆえに、小学校に上がる前であっても小学校1年生並みに、一日の勉強時間は20分から30分は確保してほしいと思います。

子どもが勉強をおもしろがってどんどんやろうとしている時は、もちろん時間を区切る必要はありません。子どもがゲーム感覚で勉強を楽しんでいるのであれば、長時間になっても問題ありません。ただし、子どもが寝る時間はきちんと守るようにしてください。

勉強する時間帯は決めたほうがいいでしょう。勉強を毎日する習慣がつきやすくなります。またお母さんにとっても、子どもと一緒に勉強する時間帯を決めておいたほうが、一日のスケジュールが組みやすいと思います。

たとえば、保育園や幼稚園から子どもが帰ってきてから晩御飯の支度をする前の午後3時から4時ごろを毎日の勉強の時間に当てるというやり方もあると思います。また、暗記は寝る前にするのが最も記憶に定着しやすい（夜の暗記は翌日にテストするとできる確率が高いのです）ので、夕方に勉強をして、寝る前にもう一度いろいろなことを暗記させてみて、翌朝にテストをしてあげる（これも記憶の定着を大きく高めるという実験結果があります）のが効果的です。できたらほめることも忘れずに。

勉強がイヤになったら

勉強が毎日の習慣になったとしても、子どもには気持ちの波があります。勉強するのがイヤだと言い出したら、それをいったんは受け止めて、少し遊ばせましょう。

その上で、「でも勉強しないと今日は頭がよくならない日になっちゃうよ」と言いながら、5分でも10分でもいいので勉強させるようにしましょう。

このようにいったんは少し遊ばせたとしても、その後も、どうしても勉強したくないと言い出す日があるかもしれません。そういう時は思い切って、今日はなし、お母さんと一緒に遊ぼう、その代わり明日はやるよと言って、その日は子どもと一緒に思いきり遊んでください。

大切なのは、次の日の勉強のときに、なぜ昨日は勉強するのがイヤになったのか、理由を探ることです。前の章でも触れましたが、子どもが勉強を嫌がるのは、だいたいは勉強がわからなくなっているときです。勉強ができるのに、いきなり勉強がイヤになるということはほとんどありません。

何かに躓いているから、勉強するのがイヤになるのです。ですから、何がわからないのかをきちんと探ってください。これはとても大切なことです。

そして、どうやったらわかるように教えられるのかをできる限り工夫してください。

勉強の習慣はついていても復習の習慣がついていないと、勉強がわからなくなったり、テストでいい点が取れないために、勉強するのがイヤになることもあります。毎回の勉強は、やりっぱなしではなく必ず復習するようにしましょう。この頃の子どもの脳は記憶力が抜群によくどんどん覚えることができますが、反復して記憶をしていかないと忘れていきます。

新しいことを貪欲に勉強することも大切ですが、子どもに今までの知識がきちんと定着しているかどうかのチェックもするよう心がけてください。

ほかに勉強がイヤになるきっかけとして考えられるのは、やっている課題に子どもが飽きてしまっていることです。

漢字の書き取りが続けば飽きるでしょうし、足し算のドリルだけでもいやになってしまうかもしれません。そういう時は、別の課題をさせるようにしましょう。たとえば、本を音読してみたり、会社で働いているお父さんに手紙を書いてみたり、百ます計算のタイムを計ってみたり、いろいろな手を加えてみましょう。

実は、私も飽きっぽい子でした。それも病的なレベルだったかもしれません。小学校に上がったとき、先取り学習をしていたせいで、全部わかってしまってつまらなかったからかもしれませんが、授業中に教室の中を歩き回っていました。今ならＡＤＨＤ（注意欠陥多動性障害）の診断を受けていたことでしょう。でも、次から次へと課題を与えられることで克服してきたのです。今も、たくさん本を書いたり映画を監督したりするので、多才ですねとよく言われますが、実は毎日同じ仕事をすることができない性分だから、それに合わせた生活をしているだけなのです。

話は逸れましたが、市販の教材だけでなく、お母さんが教材を手作りするのも、子どもを飽きさせないコツです。お母さんがイラストを描いてプリントを作るだけでも、子どもは喜んで興味を示します。勉強は楽しいのが基本。つまり子どもが勉強で〝快体験〟をすることが大切なのです。快体験を積み重ねていけば、子どもは自然に勉強に熱中するようになります。

勉強が楽しくなる方法の一つは、勉強にゲームのような感覚を取り入れることです。毎日の勉強の成果を点数にして、日々点数が伸びているか、目に見えるようにするのもいいでしょう。

また、百ます計算のように、たとえば何かの計算問題をするときに、どれくらいスピードが速くなったかがわかるように、毎回のタイムを記録しておくのもいいでしょう。子どもはスコアが上がれば上がるほど、ゲームのように楽しむことができるようになります。

実は私も、30歳を過ぎて精神分析を勉強するために留学するまで、楽しいと思って勉強をしたことがありませんでした。そもそも勉強は嫌いだったのですが、テストでいい点をとると気分がいいから勉強したのです。ゲームだと思えば、つまらない勉強でも攻略できる楽しさが生まれてきます。

勉強がイヤになったときの対処法や、勉強自体を楽しくする方法など、子どもが勉強嫌いになるのを防ぐ方法を説明しましたが、さらに勉強プラスαの考え方を取り入れると、子どもの勉強も安定していくと思います。

すでにお話ししたように、勉強プラス好きなこと一つという子育て方法です。子どもですから、勉強以外にもやりたいことはあります。たとえ勉強の仕方をお母さんがいろいろと工夫してあげて勉強自体が楽しいものになったとしても、やはりそれ以外のこともやりたいでしょう。観たいテレビもあるでしょうし、友だちと外で遊びたいかもしれません。勉強プラス好きなこと一つをさせてあげましょう。

勉強をきちんとすれば、好きなこともできるのだと子どもは理解するようになり、勉強に対しても、よりやる気が出てきます。また、勉強をしないとそのプラスαをさせてもらえないというのも、有効な脅威となって動機を高めます。私自身は、受験生時代、その週の勉強が予定通り進まなければ映画を観ないと自分に課すことによって、ほとんどの週の勉強を予定通り仕上げた上で、年間300本もの映画を観ることができました。

勉強ができることがかっこいいという価値観

今の子は（親もですが）ともすれば、勉強ができるより、スポーツができるほうがかっこいい、おもしろい子のほうがいい、ファッションセンスがいいほうがいいというようなことを思いがちですが、小さなうちに、勉強ができることがかっこいいという価値観を持たせておくと、勉強好きになる原動力になりますし、小さいころほどすり込みは容易です。

私の遠い親戚で、３人兄弟全員東大に入った家族がいるのですが、私の両親はことあるごとに、その親戚がすごいと私たちに言い聞かせました。そのため、私も弟も小さいころから東大に憧れを持つようになりました。

実は、その３人兄弟の親はずいぶんほかの親戚に傲慢な態度を取っていたようで、親戚中で嫌われていました。東大に行くような人は性格が悪いと公言する人もいました。なのに、うちの両親だけはその人たちをほめるのです。結果的に、親戚中で東大（どころか、旧帝大も早慶も医学部もいません）に入ったのは私たち兄弟だけでした。

遺伝の差というより、価値観の差が受験の成否を決めると、私は今でも信じています。だから、腹の中で思っていなくても、勉強ができるのはかっこいい、東大卒は素晴らしいと子どもに聞かせ続けるのは賢明なことなのです。

人間というのは勝手なもので、自分に都合いい価値観を持ちがちです。特に子どもの頃は顕著です。

勉強ができたら勉強ができるほうがいいと思うし、スポーツができると、勉強ができるよりスポーツができるほうがいいと思います。異性にもてれば、勉強ができても異性にもてないのはダサいなどと考えます。

だから、早めに勉強ができるようにしてあげると、勉強ができるほうがかっこいいという価値観を持ちやすいので、そこでも先取り学習は有効に働きます。

この場合、親のダブルスタンダードはご法度です。

たとえば、東大卒の官僚の不祥事などがあると、自分が東大を出ていない親の中には、「だから、東大卒はダメなんだ」ということを子どもの前で言うことがままあります。これでは、せっかく勉強ができるほうがかっこいいとか、東大に憧れるというような価値観が一気に崩れてしまいます。当然東大卒の中にもダメな人もいるけれど、ほとんどの人は成功しているんだよ、とか、東大卒が悪いのではなく官僚というシステムがダメなのだというフォローをするくらいがちょうどいいのです。

東大卒の悪口は子どもが寝静まってからにしてください。

勉強ができるほうがいいのは女の子も同じです。

ある程度幸せな結婚ができても、離婚することになれば、まだまだ養育費や慰謝料は先進諸国と比べて低いのが現実です。

女の子でも勉強ができるほうがかっこいいという価値観を持たせておいたほうが、自分で生きていける能力も身に付けやすいですし、勝ち組の男性と結婚できる確率も高まります。

どこまでを先取り学習するか

根拠のある自信をつけるためにも、また、勉強ができるほうがかっこいいという価値観をつけるためにも、先取り学習が必要だと言ってきました。そのためには小学校に上がる前から、お母さんが子どもと伴走しながら勉強することが大切だと強調してきました。

実際どこまでの内容を先取り学習しておけばいいのかという問題がありますが、大切なポイントは、暗記できることは天井を作らず、どんどん暗記していって構わないということです。

教育関係者の中でも、先取り学習は賛否両論あります。先取り学習に反対する人は、子どもが小さいうちから先に先に勉強していくと、子どもの頭が混乱してしまってかえって勉強ができなくなってしまうというものです。この意見は半分は正しいのですが、半分はまちがっています。

確かに小学校に上がる前の子どもに、9歳の壁を越えた小学4年生でするような論理的な思考力、抽象的な思考力を求めるような勉強をさせることはできません。小学校に上がる前の子どもの脳は、そこまで発育していないからです。できないことを無理にさせると子どもの頭は確かに混乱するでしょうし、勉強が嫌いになるリスクが生じます。また、何より健全な自信が奪われてしまいます。だから中学受験塾などでついていけないなら無理はさせないほうがいいというのが私の持論です。

ところが、幼児期の子どもの脳は、暗記が得意であり、いくらでもものを覚えることができます。そして、この頃の子どもは、ものを覚えれば覚えるほどうれしくなって、さらに多くのことを覚えたくなるのです。

ゆえに、９歳の壁を越える前に小学校で教える内容、つまり小学１年生から３年生までの内容は、先取り学習の対象にして構わないということです。子どもが嫌がらずどんどん覚えてくれるなら、やれるだけやっていいのです。

ただし、くり返しますが、子どもは一人ひとり違います。個人差がありますので、小学校に上がる前に小学３年生の分まですべて終えてなければならないということではありません。お母さんは決して焦らずに伴走をしていってください。以下、具体的に各科目の勉強について見ていきましょう。

国語

１．国語は幼児教育の中でも、最も重要だと考えています。日本語の能力を高めることは、子どもの論理的な思考力を養うことにつながり、９歳の壁も越えやすくなる可能性が高まります。言葉は知っていれば知っているほど読解力を高める上で有利になり、子どもの脳を鍛えますので、まず言葉をたくさん覚えさせることから始めてください。

ひらがな、カタカナはもちろんのこと、漢字もなるべく多くのものを書き取りして、覚えさせるようにしましょう。早いうちから小学2年生、3年生の漢字をどんどん覚えていって何の問題もありません。書店に行けば、市販の教材やドリルがたくさん出ていますので、実際にお母さんが見て、これなら子どもに教えやすいし理解しやすいだろうと思えるものを選んでください。できることなら、丸暗記でなく、漢字や熟語の意味や例文を教えてあげることで、語彙になるようにしてあげるのがベストです。

すでに触れましたが、教材は子ども一人でやらせっぱなしにするのではなく、あくまでお母さんが子どもに勉強を教えるための道具です。お母さんが内容をしっかりと確認し、ご自身が子どもに教えやすいものになっているかどうかという視点で選んでください。

2．言葉をたくさん知るようになると、子どもはそれを使いたくなります。小さい割に難しい言葉を織り交ぜながら話をする子どもがいますが、そういう子どもは多くの言葉を早いうちから記憶しており、それを使っているのです。また言葉を知るようになると、自分で文章が読めるようになるので、絵本を音読させるのもよい勉強になります。文章の音読は子どもの国語力を一段と高めますので、「お母さんに読んで聞かせて」と言って、子どもに絵本などを音読させるといいでしょう。

3．さらにお母さんが絵本の読み聞かせをすることも大切です。読み聞かせは、子どもが気に入っている絵本を何回も読んであげるのが基本です。子どもは喜んで聞きますし、何回も読んで聞かせることによって、言葉と物語を自然に暗記してしまいます。これが子どもの国語力を鍛えます。

また時には、子ども自身では音読が難しいかなと思えるくらいの少しレベルの高いものを、お母さんが読み聞かせするのもいいと思います。少しでもハイレベルの日本語に、早いうちから接することが大事です。その場合、わからない言葉がないかどうか、読み聞かせのときに子どもに聞くこともポイントです。テレビの子どもニュースなどを親が解説してあげれば、幼児でもかなりのことがわかるかもしれませんし、社会に興味を持つきっかけになる可能性があります。

4．言葉を覚えて文章が読めるようになったら、文章を書く練習もしていきましょう。お母さん、お父さん、おじいさん、おばあさんといった家族に手紙を書くのもいいですし、さらにお勧めなのは、子どもがお母さんと一緒に物語を書くことです。短くて簡単なものでもちろん構いませんので、子どもが絵本のストーリーを描くような気持ちで文章を綴っていくよう、お母さんがリードしてあげるといいでしょう。

5．日本語を話す能力をさらに向上させる方法に、Show and Tellというものがあります。これはアメリカの小学校などで取り入れられている手法です。何かモノを持ってきて、それを見せながら（Show）、そのモノが何であるのか周りの人に説明する（Tell）というものです。これを子どもとお母さんが一緒にすると楽しいと思います。

子どもが好きなモノを持ってきて、そのモノについて自由に話をします。そのモノのどこが好きなのか、どこがすごいのか、なぜ自分はこのモノが気に入っているのかなど、子どもの好きなことをどんどん話させます。お母さんも子どもの話を聞きながら、いろいろなことを質問してあげましょう。

さらにShow and Tellの応用編として、モノ自体の名前は最初伏せておいて説明だけを子どもにさせ、お母さんがそのモノの名前を当てるというクイズ形式にしてもおもしろいと思います。このような勉強をすると、子どもの説明能力、プレゼン能力が飛躍的に向上していくはずです。

6．知っている言葉が順調に増えているかどうかをチェックする方法として、しりとりを使う手があります。しりとりは、多くのお母さんが子どもに言葉を覚えさせる時期に活用しますが、同時に、語彙力が順調に養われているかどうかを確認することにも使えます。しりとりをやっている最中に、少し難しいかなと思える言葉をあえてお母さんが言って、子どもに新しい言葉を覚えさせる機会にするのもいいでしょう。

7．日本語の読み書きが多少できるようになったら、ディクテーション（口述書き取り）をやってみるという手もあります。韓国は大学入学の共通試験にこれが導入されているために、ＯＥＣＤの読解力調査で常にトップレベルにいます。ディクテーションは言葉の内容を理解して覚えていないとできないので、読解力を高めるとされています。

算数

1. 国語が幼児教育で最も重要であることを指摘しましたが、算数は、子どもに根拠ある自信をつけさせるのにとても効果があります。なぜなら、算数ができると自分は頭がいいと思いやすくなるからです。

国語は確かに重要な科目ですが、母国語である日本語を勉強しているわけですから、言葉自体は、子どもが成長するにつれて誰でもある程度は自然にわかってくるわけです。ところが、算数は言葉ではなく数字という普段使わないものをベースにしていますから、きちんと勉強を積み重ねていかないと、自然にできるようにはなりません。

ゆえに算数ができるというのは勉強をきちんとしている証拠であり、これが根拠のある自信につながりやすいのです。算数の教材についても国語と同様、お母さんの視点で気に入ったものを選んでください。

2. 算数の勉強には、数と図形の二つの種類がありますので、それぞれを基本から丁寧に教えていく必要があります。

まずはじめは数という概念を教えて、1から10までの数を数えられるようにします。次に、3枚も3個も同じ数であることを理解させます。さらに、3よりも5の方が大きいことを理解させ、7よりも2の方が小さいことを理解させます。さらに10よりも大きい数の数え方を教えていきます。

図形は、丸、三角形、四角形などそれぞれの形の名前を教えることから始めていきます。また図形の上、下、右、左といった概念も教えていきます。このあたりの詳しい内容については、市販の教材を見ればわかると思います。

3．数と図形について初歩的なことが理解できたら、徐々に小学校で習う内容に入っていきましょう。

100よりも大きな数の数え方を教えます。さらに足し算、引き算の基本を教えていきます。まずは一桁の足し算、引き算からです。おはじきなどを使って、足したり引いたりするというのはどういうことなのかを、子どもの目に見えるようにしながら教えていくのがコツです。

一桁の足し算、引き算ができるようになれば、百ます計算で足し算の速さを測ってみるといいでしょう。毎回の百ます計算で、タイムが上がっていくことに子どもは快感を覚えるはずです。一桁の足し算、引き算に慣れてきたら、今度は二けたの足し算、引き算を教えます。図形も、二等辺三角形や、正三角形など少し難しい形も教えていき、図形の大きさを比較することも教えていきます。

4．これらが習得できたら、さらに大きな数を数えられるようにしていきます。そして計算は三桁の足し算、引き算を教えます。

ここで大切なことは、新しいことをどんどん教えるのはいいのですが、必ず復習をしながら勉強を進めることが重要だということです。特に計算は基本的なことの積み重ねですので、すでに終わらせた計算ドリルを振り返ってやらせてみて、ミスがないかどうかをチェックすることを忘れないでください。

5．今度は掛け算です。掛け算の意味を教えて、まず九九の暗記をさせましょう。九九は丸暗記ですので、幼児教育でするのに早すぎるということはありません。どんどん覚えさせてください。

一の段、二の段、三の段と順序よくスラスラ言えるかどうかを、タイムを計りながらチェックするといいでしょう。百マス計算と同様に、子どもはゲーム感覚で九九を攻略していきます。そして九九がスラスラと言えるようになったら、今度は百マス計算を掛け算でやってみて、計算スピードを測ってみるのもいいでしょう。

高度なことができるようになればなるほど子どもの快体験は増えていき、根拠のある自信が身に付いていきます。図形については、立体の図形の概念を教えていき、コップやビーカーに入っている水の量を比較できるようにしていきます。

6．なお幼児教育でそろばんを習うのも、とても有効です。私自身、子どものころからそろばんを習っており、それによって数に対する抵抗がなく計算がとても得意になりました。この自信はのちのちまで続いていき、大学受験の時でも数学が得意科目になりました。

そろばんが子どもに向いているかどうかは、やらせてみないとわかりませんから、まずは挑戦だけさせてもいいと思います。

7．算数は国語と比べると個人差が出やすいということは注意しておいてください（国語も言葉の発達が遅い子はもちろんいるのですが、その割合という意味で）。幼児期であれば、どうしても数の概念がつかめないとか、足し算が理解できないとか、図形の意味がわからないという場合は、無理せずむしろ国語などほかの勉強を先行させましょう。
できないことで子どもを勉強嫌いにしたり、頭が悪いと思わせることは絶対に避けないといけません。子どもがもう少し発達してから再度チャレンジしても遅くないのです。

英語

1．英語は現在、小学校で実験的に外国語活動という形で教えられていますが、近い将来は小学校5年生からの正式科目として導入される予定になっています。
小学校の低学年で教えられていない英語を幼児教育で教える必要があるのか、またそんなことをして子どもが混乱をしないのかという意見は当然出てくると思いますが、私はまったく問題ないと考えています。

2．幼児教育に英語を取り入れる最大のメリットは、それこそ根拠のある自信をつけることにあります。英語は中学生になったら習うものというのが今までの日本社会の常識でした。それを先んじて幼児教育でやっていこうというのですから、子どもにとっても、お母さんにとっても英語を勉強していること自体が、大きな自信になっていくことでしょう。

幼稚園児が英語を勉強するなんて早すぎると思う人は、おそらく日本に多くいると思います。しかしそれは日本だけの話です。東南アジアの国々では、すでに幼稚園児のころから英語を勉強するのがあたりまえになっており、必然的に多くの子どもたちが母国語とは別に英語が話せます。そのことで国際的に活躍する人が多くなってきたということは、すでに触れたとおりです。

3．幼児教育で英語の文法を教えても、子どもはもちろん理解できません。英語には五文型があって、Sが主語でVが動詞で……などと教えても意味がありません。

英語の勉強方法は、ひたすら英語表現を丸暗記するだけでかまいません。何度も何度も口に出して英語を音読するのが最もよい方法です。そして英語の意味と日本語の意味を、なるべく早いうちにリンクさせていくことです。

たとえばHelloは「こんにちは」という意味なのだな、What are you doing? は、「何しているの?」という意味なのだな、I am playing a game. は、「ゲームやっているの」という意味なのだな、とそのまま覚えさせることです。

4．この繰り返しで英語の文章をどんどん暗記していって、知っている英語の量を増やしていけば、子どもは自然に片言の英語を話すようになります。幼児教育でいきなり子どもが英語ペラペラになることはないと思いますし、そこまでの必要もありません。しかしこのころから英語をやっておけば、実際に英語を習うときには英語に対するハードルが相当低くなっていきます。

5．ごく簡単な英語を教えるだけですから、市販の教材を使ってお母さんが教えることも十分可能だと思います。一緒に声に出して、英語の文章を子どもと一緒に読み上げていけばいいのです。覚えた英語の文章を使って子どもとお母さんが英語でごく簡単な会話をすると、子どもは、自分は英語も使えるのだと思って大きな自信を持つようになります。

ここでもお遊びというより教育として英語を教えるのが賢明です。インターネットを使えば、アメリカの幼児教育のテキストや、小学1年生の教科書などが手に入ります。このレベルであればお母さんでも理解できるので、それをやらせていくことで英語の基礎学力がステップアップしていきます。

6．お母さんによっては、英語だけはムリと思う人もいるかもしれません。また発音も自分のカタカナ発音ではなく、なるべくネイティブに近いものを学ばせたいと思うかもしれません。

そんなときは、英語を教えてくれるスクールに通わせることも一つのやり方です。スクールの選び方でお勧めしたいのは、お遊び英語をやらないところを見つけるということです。

お遊び英語とは、英語の歌をうたったり英語でお遊戯したりするだけ、ということ。このような英語の勉強は役に立ちません。そうではなく、たとえば前述のようにアメリカの幼稚園や小学校で使っている教科書のようなきちんとしたテキストを教材にして英会話を教えているスクールを選ぶのがいいと思います。

よい循環と悪い循環

　私は長いあいだ、子育てや受験指導の現場に関わってきました。その中で、世の中には大きく二つの種類の親子関係があることに気づきました。それは、子どもとお母さんが一緒に勉強をしていく過程で、よい循環を作っている親子と、悪い循環を作っている親子がいるということです。

1. よい循環とは、できる→自信→楽しい、を繰り返していることを言います。子どもは勉強をすれば、必ずできるようになります。勉強ができないというのは、単に今取りかかっている勉強のどこかにわからないことがあるというだけの話です。
　ですから、もし勉強ができないとしたら、わからないところを入念に探してあげて、それを解消していけばいいわけです。そうすれば勉強は必ずできるようになります。

　そして、できるようになったねと言って自信をつけてあげましょう。子どもはとても喜びます。楽しい気分になって、もっと勉強ができるようになりたいと思います。これが勉強の快体験というものです。人間は快体験がないと、ものごとを続けることができません。

2．反対に悪い循環とは、できない→自信喪失→悲しい、を繰り返していることを言います。何度も言っていますが、勉強ができないのは取りかかっている勉強のどこかにわからないことがあるからなのですが、悪い循環の親子は、子どものわからないところをお母さんが入念に探すことも解消することもしていません。ただ子どもに、なぜできないのと言って責めるだけです。こうなると子どもは、自分の能力を信じることができなくなります。

子どもは勉強で悲しい思いをするだけですから、余計に勉強するのが嫌いになっていきます。いわゆる落ちこぼれは、典型的にこのパターンから生まれるのです。勉強ができない、勉強がわからないというのは、子どもからの重要なメッセージ。それを見過ごしてしまうのは、お母さんの怠慢です。

3．このように二つの循環の話をすると、多くのお母さんは頷いてくれます。

しかし不思議なことに、いざ幼児教育に入っていくと、多くの親子が悪い循環に陥っていきます。子どもに責任はありません。小学校のお受験などでよく見られることですが、どうしても合格してほしいと思う親が焦ってしまって、できないことばかりが目について叱ったり怒ったりするため、子どもが自信を失い、勉強から逃げてしまうのです。よい循環で毎日の勉強ができているのか、それとも悪い循環になってしまっているのかを、お母さんは常にチェックしていただきたいと思います。

4．結局、根拠のある自信を持たらす子育て法の鍵は、この、できる→自信→楽しいという循環を親子のあいだに作ることにあります。

小学校や塾に入ってテストを受けるようになると、わかっているのに、あるいはわかっているつもりなのにテストで悪い点を取ることがあります。いい点を取れば余計にやる気になるのですが、悪い点だと自分はバカだと思って勉強嫌いの引き金になります。わかっているのに点数が悪いということは復習をしていないとか、勉強の仕方に問題があることがほとんどです。それを親が見つけてまたいい点を取れるようにしてあげれば、自信を回復してよい循環に戻っていくのです。

できたことをほめられれば、子どもにはそれが明確な根拠になります。できたことをほめれば、お母さんにもそれが明確な根拠になります。親子のよい関係が、子どものよい将来を作るのです。

我が家のルール七か条

長年受験指導や幼児教育に関する仕事をしていると、多くの批判を受けます。勉強さえできればいいのか、東大に入りさえすればいいのかと、こんな意見がひんぱんに私のところに来ます。

もちろん勉強さえできればいいとは思っていませんし、東大に入りさえすればいいとも考えていません。勉強は勉強で、将来自分の身を立てていくために必要なことです。だから勉強は大いにするべきだとこの本でも繰り返し言ってきました。

世の中には、必要条件と十分条件を混同する人がたくさんいます。勉強ができることや東大に入ることで幸せになることが保証されるわけではありません（つまり十分条件ではない）が、現代のような弱者に厳しい格差社会では、親が金持ちでない限り、トップレベルの大学に入ることが幸せになるための必要条件になりつつあるといえるでしょう。

それと同時に子どものしつけも大切です。本書の中では幼少期の子どもの特徴をいろいろな角度で説明してきました。子どもは自信過剰でいいとか、小さいころはわがままなものなどといった指摘もしてきました。

これらのことは、子育てをしていく上で現実的に必要な情報だと思っていますが、それとは別に、やはり子どものしつけについても触れておきたいと思います。

我が家では、子どもにしっかり勉強させてきました。それと同時に、将来立派な人間になってもらいたいと思い、しつけにも気をつけてきました。勉強としつけは両立できるもの。我が家のルール七か条、というものを作って家族で守ってきました。

①きちんとあいさつする

あいさつは、生活の基本。家の中ではもちろんのこと、家の外でも誰に対しても必ずあいさつをするようにする。あいさつをすると相手に気持ちが伝わり、お互いがよい気分になる。

②人に暴力をふるわない

人に暴力をふるうのは犯罪であり、絶対にしてはならない。特に力の強いものが抵抗できない弱いものに暴力をふるうことは、人として最低なことである。

③絶対にうそをつかない

うそをつけば、いつかわかってしまう。うそをついていることでビクビクするのはつまらない。うそをごまかすために余計にうそをつくようになる。うそをつけば、それだけ自分が不幸になる。

④隠しごとをしない

隠しごとは、うそを生む。隠しごとを続けるには、うそをずっと繰り返さなければならない。もし隠しごとをしてしまったら、できる限りすみやかに正直に打ち明ける。

⑤悪いことをしたら、素直に謝る

悪いことをしてしまったら、すぐ素直に謝る。そうすれば相手に気持ちが伝わる。人間だからまちがえることもある。悪いことをした、自分がまちがえたと思ったら、意地を張らずに素直に謝る。謝らないことのほうが悪いことをするより、ずっと悪い。

⑥決めた約束は、必ず守る

自分で決めたことを守れないようでは大きな目標は達成できないし、人からも信用されなくなる。自分がこれをすると約束したことは、絶対に守る。

⑦家族のとり決め、法律や校則など、決められたルールを守る

社会にはルールがある。家にもルールがあり、学校にもルールがある。ルールがあるから、みんなが安心して暮らせる。ルールを守らない人間は、人に迷惑をかけ社会に対して悪いことをしているのと同じである。

これは一例ですが、各ご家庭でも、このような決めごとを作ることをお勧めします。子どもの行動が変わります。高学歴を持つ政治家の暴言や嘘が問題になっていますが、それは学歴の問題ではなく、親のしつけが足りなかったのだろうと思います。そんなこともあり、子どもが七か条を守らなかったときは、私は毅然として叱ります。このように守らなければならないルールが七か条として目に見える形になっていると、なぜ自分が今叱られているのかが、子どもにも明確に伝わりやすくなります。

子育てで幸せになろう

子どもには、ぜひ夢を持ってもらいたいものです。将来は何になりたいのでしょうか。親御さんはいろいろと子どもに聞いてみてください。

男の子であれば、警察官、消防士、野球選手、サッカー選手、電車の運転手、パイロット、宇宙飛行士……いろいろな夢が出てきそうです。女の子であればパティシエ、ピアノの先生、看護師さん、女優さんなどといった夢が出てくるかもしれません。子どもといろいろな夢について語り合ってください。

そして、どんな夢であっても、どんな大人になるにしても、まずは勉強が必要なのだということを、ぜひ話してください。子どものころから夢を持つことはとても大切です。そして夢に向かうためには、努力して勉強ができるようになることがとても重要であることを、幼いうちから聞かせておいていただきたいと思います。

子育ては、辛いものでも怖いものでもありません。楽しいものです。ご家族で子育てを楽しんで、幸せになってください。大きく広がる子どもの夢を一緒に追いかけてあげてください。うまくいけば余計に楽しいはずです。

子どもを持つ親のただ一つの責任――それは、彼らがひとり立ちして厳しい社会に出ていくときに、強く生き抜いていく能力・知力を持たせてやることです。それさえ理解できれば、一時厳しいように思える学習指導にも、愛情と自信を持って臨めるはずです。

まずは、お父さん、お母さん、自信を持って！

私はいつでも応援しています。

和田秀樹（わだ・ひでき）

1960年大阪市生まれ。85年東京大学医学部卒業。東京大学医学部附属病院精神神経科助手、カール・メニンガー精神医学校（米国）国際フェローなどを経て、現在、国際医療福祉大学大学院教授（臨床心理学専攻）、川崎幸病院精神科顧問、一橋大学経済学部非常勤講師、和田秀樹こころと体のクリニック院長。自著である小説『受験のシンデレラ』（小学館）を映画化、モナコ国際映画祭最優秀作品賞を受賞した。『アドラー流「自分から勉強する子」の親の言葉』（大和書房）、『感情的にならない本』（新講社）、『「おめでたい人」の思考は現実化する』（小学館）ほか、著書多数。

2017年、英才教育を目的とした保育園型幼児教室（I&Cキッズスクール）をスタートさせた。　https://www.encourage.co.jp/

デザイン　稲野 清（B.C.）
構成協力　大前俊一

編　集　下山明子

「東大に入る子」は5歳で決まる
〝根拠ある自信〟を育てる幼児教育

2017年9月4日　初版第一刷発行
2017年11月29日　第三刷発行

著　者　和田秀樹
発行人　清水芳郎
発行所　株式会社 小学館
〒101-8001 東京都千代田区一ツ橋2-3-1
電話 03-3230-5724（編集）
03-5281-3555（販売）
印刷所　大日本印刷株式会社
製本所　牧製本印刷株式会社

造本には十分気をつけておりますが、印刷・製本など製造上の不備がありましたら、「制作局コールセンター」（0120-336-340）にご連絡ください。（電話受付は、土・日・祝休日を除く9：30〜17：30）
　ISBN978-4-09-388536-2